大手前大学比較文化研究叢書6

一九二〇年代東アジアの文化交流

川本皓嗣
上垣外憲一＝編

思文閣出版

はじめに

一九二〇年代の東アジアは、文化面から展望すると極めて興味深い様相を呈している。政治的には、一九一八年は、第一次世界大戦の終結の年であり、アメリカ・ウィルソン大統領の民族自決主義の唱道は、第一次大戦後の世界の進むべき道を展望したものであった。

一九一九年には、ロシア革命があり、大きな影響を東アジア諸国に与えるが、さらに民族自決主義運動のアジア版と言っても良い韓国の三・一独立運動、中国の五・四運動もまたこの年の出来事だった。

ところで、一九二〇年代の東アジアは、政治的には以上のような一九年に提出された課題を未解決のものとして持ち越したと考えられるし、日本のいわゆる大正デモクラシーも、顕著な二〇年代の現象であった。二〇年代の東アジアを政治的な時代でなく、文化の時代であったとまで称するのは、いささかためらわれる点がある。

しかし、一方で大日本帝国は第一次大戦における戦勝国の中で、もっとも軍事的、経済的な打撃の少なかった国家であり、第一次大戦中は輸出景気に沸くなど、経済的には相当な利得も獲得して、一九二九年の世界大恐慌までは、相対的な経済の繁栄を享受したということができる。日露戦争後の軍事的な緊張は、ロシア革命に対する干渉戦争であった「シベリア出兵」が、実質的には一九二二年には終結し、一九二五年に日本とソビエト連邦との間に国交が成立すると、日本は次の満州事変（一九三一年）までの平和の時期を迎えることになる。前半はシベリア出兵の不安の陰があり、末期には世界恐慌による経済の崩落を経験したが、ともあれこの一九二〇年代は、日本の文化人が文化活動に専念できる短い小春日和の時期だったといえる。

中国においては、軍閥政府の抗争、蒋介石の国民政府の北伐など政治、軍事の争いに明け暮れた時期であったが、同時に五・四運動で盛り上がった新しい文学運動の高揚期でもあった。日本留学の経歴を持つ魯迅の代表作の多くは一九二〇年の所産である。また、一九一〇年代の日本留学生であった郭沫若の上海に於ける文学結社「創造社」の結成は一九二一年のことであり、創造社の同人の多くは日本留学時代の同志であったのである。

一方、韓国の一九二〇年代の代表的な作家である、金東仁、廉想渉はいずれも一九一〇年代に日本留学の経歴を持っており、韓国近代文学の隆盛期である一九二〇年代が、日本との関係を無視しては考察できないことは、明らかである。これが、韓国が大日本帝国の植民地支配下にあったこととどのように関わるかは、微妙な問題であるが、このことの評価を避けては、韓国の近代文学の歴史を真に解明することは困難であろう。一九二〇年代後半から三〇年代は、韓国近代詩の黄金時代と称しても良い時期であるが、この時期に活躍した多くの韓国詩人が日本留学の経歴を持つのも、見逃すことのできないことである。

こうした韓国近代文学者と日本の関係は、政治的な問題だけでなく、純粋な文学の領域に於ける影響関係という点からも、重要である。日本で翻訳されていた西洋文学の影響以外にも、北原白秋をはじめとする日本詩壇と韓国詩人の関わり方も、決して無視することのできない事項なのである。

一方、東京が東アジア文化の一中心の様相を呈したのは当然であるが、たとえば上海は経済的な繁栄を謳歌し、日華貿易の増加に伴って、上海を訪れる日本の芸術家も数多く、その代表にはやはり谷崎潤一郎をあげねばならないであろう。藤島武二の上海風景を描いた作品も、記憶にとどめるべきものである。一方、日本の草創期のジャズメンにとって上海は先進の地であったのであり、日本のジャズメンが上海詣でをする現象も、一九二〇年代に始まっている。日本のモダニスト詩人たちが大連で活動を始めたのも、むしろ大連発の文化現象ととらえるべきであって、単純に日本からの影響とは言えないものがある。また日本のクラシック音楽にとって、白系ロシア人音楽家の居住するハルビンも、一つの重要な影響の源泉であったのであり、無視できないものがある。

一方、韓国の詩、童謡、民謡の日本語への翻訳も一九二〇年代に始まるのであり、韓国芸術の日本への影響として見てよい面もある。つまり二〇年代は、日本文化が一方的に韓国に影響したのでなく、日本側からの韓国理解、韓国芸術からの影響も存在したと言って良いのである。韓国の工芸品のいわゆる民衆芸術（民芸）的な側面に注目した柳宗悦の朝鮮美術の評価も、一九二〇年代の文化運動として見逃せない事象であり、一方的な影響関係と言うより、文化の相互理解の問題、文化交流の現象として理解すべきものであると言える。

このように、一九二〇年代の東アジアの文化は、東アジア三国の文化交流の問題として理解した方が、より深く、詳密に研究が可能な事象であると言えるのである。本書が、まさに時代として一九二〇年代を選び、東アジアをその舞台として設定したのは、交流文化研究所の研究課題として、もっとも身近でありまた、適切なものであると考えた結果なのである。

もとより、二〇年代の交流の事象はあまりにも多く、本書で取り扱われた事項も、そのすべてを尽くしたものではなく、今後に課題を残す部分も少なくない。しかし、将来の研究の発展のための第一歩として、中国、韓国、日本の優れた研究者の研究成果を結集して編集された本書の価値も、また失われることはないであろう。そうあってほしいと祈念しつつ本書を世に送り出す次第である。

平成二十二年二月八日

大手前大学教授
上垣外　憲一

目次

目　次

第三章　戯曲・演劇の交流

第一章　小説・小説家の交流

一九二〇年代の上海における日中文化人の交流

―金子光晴・森三千代の場合を中心に―

趙　怡

はじめに

一九二六年三月、金子光晴と森三千代は、谷崎潤一郎から田漢《でんかん》・郭沫若《かくまつじゃく》・謝六逸《しゃろくいつ》・欧陽予倩《おうようよせん》・内山完造などへの七通の紹介状をもらって上海の土を踏んだ。その一ヶ月前に、二度目の上海訪問を果たしていた谷崎潤一郎が、上海の文学者たちの間に「谷崎旋風」を巻き起こしており、内山書店の主人、内山完造が会ったばかりの金子に「支那の文学者達一同は、あの人のために、こうしてはいられないというような気になってしまったんです」[1]と力をこめて語るほどだった。一九二〇年代の上海は日中双方の文化人が大いに交流の輪を広げ、それを深める舞台だったのである。

この上海という舞台上で日本人と中国の「新文学者」が初めて出会ったのは、一九二三年、村松梢風が佐藤春夫の紹介状を持って、七年間の日本留学を終えて前年帰国していた田漢を訪ねた時であった。後に中国近代劇の創始者となる田漢（一八九八―一九六八）は、東京高等師範学校在学中の一九二一年十月に佐藤春夫宅を訪ね、彼と「平等」な会話を通じて意気投合し、交流を重ねるようになった。後に佐藤春夫に心酔する郁達夫《いくたっぷ》（一八九六

一九四五、六高を経て東京大学経済学部で学び、日本の「私小説」からも影響を受けた）も田漢の紹介により佐藤と知り合った。佐藤に紹介されて上海で田漢との知遇を得た村松梢風は、さらに田を通じて郭沫若・成仿吾《せいほうご》・郁達夫など「創造社」の同人にも会い、帰国後「不思議な都『上海』」（『中央公論』一九二三年八月号、後に『魔都』、小西書店、一九二四年）を発表して、中国の若き新文学者たちをいち早く日本の読者に紹介した。[2]

　そもそも村松梢風の上海訪問には、一九二一年「上海遊記」を発表した芥川龍之介の影響が大きかった。そして芥川もまた、三年前に中国を漫遊した谷崎潤一郎に刺激されて上海に渡ったのだった。しかし、谷崎潤一郎が最初の中国旅行をした一九一八年の時点では、「北京でも上海でも新しい文士創作家に会いたいと思って、いろいろ手蔓を求めて見たが、その時分の中華民国には、そう云う人は一人もなかった」[3]という。もっとも、中国近代文学の創始者である魯迅の『狂人日記』が発表されるのが同じ一九一八年であり、この時期、中国の新しい文学はまだ産声をあげたばかりだった。三年後訪中した芥川龍之介も、清末の文人章炳麟《しょうへいりん》（太炎、一八六九―一九三六）と面会したものの、新文学者との接触はやはりできなかった。

　だが、この一九二一年には、日本に留学していた郭沫若・郁達夫・成仿吾・田漢らを中心とする文学団体「創造社」が結成され、中国で展開されていた新文化運動に新鮮な血液を注入した。翌年からメンバー達が続々と帰国し、その多くは上海で活動するようになった。以後二〇年代を通じて、各地の文学者が上海に集まるようになり、上海は北京と並んで、後には北京に代わって、新文化運動の中心地となった。

　上海での日中交流に欠かせないパイプ役、内山書店もこの時期に開かれた。一九一三年、大学目薬の上海出張員として上海へ渡った内山完造（一八八五―一九五九）は、当初自宅の階下で妻の内職として始めた書店を、日本人街の中心部である北四川路に位置する、年商八万円にもなる一大事業に発展させた。上海の日本人社会の発展、新文化運動の担い手となる多くの留日経験者の存在が追い風になり、中国人にとって、書店は欧米の新しい知識を得る窓口となる。そのうえクリスチャンである内山完造本人の、日中の架け橋になろうとする志もあって、内山書店は上海における日中文化交流の場となり、シンボル的な存在となった。内山完造と魯迅との生涯にわたる友情が広く知られているが、谷崎潤一郎以降、上海を訪ねてきた日本の文化人の多くも、内山を通して中国文化人と接したのである[4]。

日中の近代文学者同士の交流は、こうして一九二〇年代から活発な様相を呈するようになる。後の満州事変から日中全面戦争に突き進む三〇年代や、日本占領下の四〇年代とも異なる風景が二〇年代の上海にはあり、国際的で魅力溢れる舞台で、様々な交流のドラマが繰り広げられた。しかし村松梢風や谷崎潤一郎をめぐるいくつかの優れた研究を除いて、全体的な考察も個別研究も残念ながら十分とはいえない[5]。小論では、この舞台の観客となっただけではなく、自らも重要な役を演じた詩人、金子光晴（一八九五―一九七五）とその妻、小説家である森三千代（一九〇一―七七）と、田漢・魯迅・郁達夫・白薇《はくび》・陳抱一《ちんほういつ》など多くの文化人との交流活動について考察したうえで、その実態を通して、一九二〇年代における上海の日中文化人交流の全体像を垣間見ることを試みたい。

一

金子光晴や、それに先立つ谷崎潤一郎、芥川龍之介といった日本の作家が中国に渡った背景には、大正から昭和にかけて海外旅行が徐々に大衆化され、そこに「支那趣味」の流行も加わって、日本人の中国旅行がブームとなっていたことがある。彼ら以外にも、主な作家・詩人・画家のほとんどが中国への旅を経験している[6]。

なかでも「東洋のパリ」「魔都」と呼ばれる上海は多くの日本人の心を摑んだ。上海はアヘン戦争後に開港され、中国の行政権力が及ばない諸外国の「租界」として大きく変貌を遂げ、租界の拡張と建設がほぼ完了した二〇世紀初頭には、アジア随一の国際大都会に発展していた。第一次世界大戦の間に、欧米企業が次々と引き揚げ、それを機に多くの日本企業が進出し、上海に移り住む日本人も急増した。二〇年代半ばに至ると、上海に在住する日本人の数は二万を越え、在留外国人の半数近くを占めるようになる。その多くは日本企業が集中する北部の虹口地区に住み、周囲一帯は日本の企業・商店・病院・劇場が集中したのみならず、日本人学校・寺院・神社も完備された。さらに日本総領事館・海軍陸戦隊・日本人巡捕（警察）・日本人居留民団といった縦割りの組織も、「在留居留民を保護」する機能を果たしていた。つまり、「行政管理、学校教育、宗教信仰、生活保障、公共衛生、娯楽休暇、文化宣伝などの面において独特な社会を完璧な内容で作り上げ[7]」た、一つの「リトル日本」が、上海北部の蘇州河を挟んで「河向う」にある欧米人統治下の「西洋」（共同租界およびフランス租界）と相対する形で上海に生まれたのである。上海は日本人にとって、パスポートなしで渡ることのできる唯一の海外都市であり、しかも長崎から高速汽船に乗って一昼夜という近さと利便性も、日本人の上海旅行に拍車をかけることとなった。

一九二六年、再び上海を訪れた谷崎潤一郎は、友人から中国で起こっている新しい文学運動のことや、内山書店のことを耳にして、内山完造の尽力によって中国側の文学者達と会うことになった。内山書店の二階で開かれた「顔つなぎの会」に出席したのは、郭沫若・謝六逸・欧陽予倩・方光燾《ほうこうとう》・徐蔚南《じょえいなん》・唐越石《とうえつせき》・田漢の面々であり、いずれも日本留学の経験者だった。会食の後、田漢と郭沫若の二人は谷崎をホテルまで送り、中国の情勢について夜中まで話し込んだ。外国資本、主に英米の資金は世界中を席巻している、日本もアングロサクソンの金力に支配されているという谷崎の意見に、郭はすかさず反論した。

「日本と支那とは違います。現在の支那は独立国ではないんです。日本は金を借りて来て自分でそれを使うんです。われわれの国では外国人が勝手にやって来て、われわれの利益も習慣も無視して、彼等自ら此の国の地面に都会を作り、工場を建てるんです。そうしてわれわれはそれを見ながら、どうすることも出来ないで踏み躙られて行くんです。此のわれわれの絶望的な、自滅するのをじーいッと待っているような心持は、決して単なる政治問題や経済問題ではありません。（中略）此れがわれわれ青年の心をどれほど暗くしていることか。対外的な事件が起ると、学生たち迄が大騒ぎするのはそのためなんです[8]」

こうした中国の若者の言葉に、谷崎は「私は一々尤もであると思った。仮りに両君の観察に誤ったところがあるとしても、（私はあるとは信じない）両君の胸を暗くしている悩みそのものは、尊重しなければならないものである」と思っている[9]。谷崎のこうした気持が伝わったことで、初めは彼にやや失望した田漢たちも、やがて胸襟を開き、より深い付き合いを求めるようになった。谷崎はその後上海文芸界の人々が百人近くも出席する「消寒会」に招かれ、「主客共に天真爛漫を発揮して且飲み、且啗《くら》い、且談じ、且騒」ぎ、しまいに「胴上げをされ、頬擦りをされ、抱き着かれ、ダンスの相手をさせられた」のである[10]。さらに旧暦の除夜も、田漢に連れられて欧陽予倩の自宅でその家族と水入らずに過ごした。こうした中国の人々との心を通じ合う交流は、谷崎潤一郎を深く感動させた[11]。同時に、「唯美派大家」谷崎の真摯な態度は、中国の文学者達にも深い感銘を与えた。

そんななか、谷崎からの「懇切きわまる」紹介状を持参してやって来た金子夫婦に内山完造は、まだ冷めやらぬ「谷崎旋風」の様子を語る。

「なんといっても谷崎さんです。会合の日は、支那の文学者が八十人も集まりました。あの人が始めてです。支那文学者一同に大きな衝動を与えて去ったのは……。もう毎晩々々のように、歩けなくなって、郭君の肩にぐったりしながら、この店へ来たもんです……すっかり酔ってしまってネ。踊り疲れて……」（金子光晴「南支の芸術界」［十五：一四二］）

この熱気の余波のおかげで金子夫婦も大いに歓待される。二人は到着したその日に村田孜郎に四馬路へ案内され、天蟾舞台の京劇を見た。内山完造はすぐ前の余慶坊の住居を用意し、終始細かい世話をした。田漢とは胸襟を開いて語り合い、湖南の友人のパーティーにも再三誘われた。（『どくろ杯』［七：三九］）。四月二十四日に招かれた内山完造主催の歓迎会も、参加者の顔ぶれから精進料理まで、谷崎を囲む「顔つなぎの会」を髣髴させる。(12)この会を記す「上海より」（『日本詩人』六巻六号、一九二六年六月、金子夫婦共著）からも、谷崎の「上海交遊記」の痕跡が容易に読み取れる。三千代はフランス人の応対と似ている「支那らしい礼譲と和楽」、「高貴な器物をあつかうような注意と物柔らかさでお互いの心をあつか」う中国知識人のマナーのよさに心打たれたが、光晴の言葉も、後の『どくろ杯』（初出一九六九年、単行本一九七一年）の作者とは思えないほど高揚感に満ちている。

私は、あの日本の高慢な、大家づらなるものに嘲笑を、唾を吐きかけてやる。支那文壇に対する日本の将来の態度に就いても、契って親愛であり厚情な友であらんことを、我々の名誉のために、強く感ずる、そして、東洋から、世界へ、我々の魂が、自由に延び、相理解し、最も精神的な境に於て、全人類的に握手せんことを願うものである。（「上海より」［八：三一四］）

光晴はさらに「南支の芸術界」（十一月二十八日「週刊朝日」）のなかで、新文学者の代表者として胡適《こてき》・謝六逸・郭沫若・田漢を紹介したほか、画家の陳抱一・民謡作家の黎錦暉《れいきんき》とその娘で歌手の黎明暉《れいめいき》の名も挙げている。彼は「まだ揺籃時代」の「支那の文壇」に対して、上海の映画界については、「役者の演出の自然さにおいても、撮影の技倆においても、かえってへんに固い日本の作品と比較して、すぐれてこそおれ決して劣ってはいません」「「伝家宝」「多情的女伶」「上海花」「好寡婦」「早生貴子」等の傑作、俳優も、黎明暉や、賀蓉珠、宜景琳、席芳婧、王漢倫等いずれも一流の俳優として通用する人達です」と高く評価している［十五：一四〇―一四二］。二〇世紀初頭に登場した中国の近代映画は三〇年代から黄金期を迎えることになり、社会批判と現実的なスタイルを持つ多くの作品は、十年後に流行するイタリアの新現実主義映画の作品と似た点も多いが、世界の映画界から注目されるようになるのは八〇年代に入ってからである。この点からすると、二〇年代にすでにこれほど多くの中国映画を見て（あるいは知って）、かつその真価を見抜いていた光晴の慧眼は驚くべきものである。そしてここにも『どくろ杯』にない熱い口調が見られる。

谷崎氏が、彼らに投げたものとは一体なんでありましょうか。また、それがどんな風な果実を彼らのあいだにおいて結ぶでしょうか。将来を刮目すべきです。（中略）とにかく政治上、経済上においては、兎角具合の悪い日支両国が、より以上根本的な、精神的な、文芸思想の方面で、互いに利益し、互いに親しみをかわすことができたならば、日支親善は、かえって早く実を果す意味になりはしないでしょうか。

隣邦国のうえに友情あれ……と、敢ていいたくなります。［十五：一四二］

滞在の間に、金子夫婦は上海在住の宮崎議平らの援助を受けて、蘇州・南京・杭州へも旅した。二年前に結婚した彼らの遅い新婚旅行であった。帰国後、二人は旅の記録として共著の詩集『鱶沈む』を出版し、冒頭に谷崎潤一郎・内山完造・田漢・謝六逸などの名を挙げて感謝の意を表し、光晴作・謝六逸が翻訳した「旧都南京」を巻頭に掲載した(13)。しかし「小さな祭り」が終わると、再び貧窮の暮らしが彼らを待っていた。毎日の食事に事欠き、夜逃げまで経験した金子夫婦にとって、高円寺の三畳間を訪ねて来た田漢との再会は、苦しい日常から逃れる一時の喜びであった。一九二七年六月、田漢は映画を製作するための人員募集や資金調達のために日本を再訪したのである。借金してでも客をもてなそうとする夫婦を、田漢は菊池寛が催す歓迎会の会場へ連れていった。その席で田漢は中国の戯曲「汾河湾」を歌い、三千代も日本の歌を披露し、大いに上海での親交を温めた。東京滞在の四日間、田漢は谷崎・佐藤春夫・金子夫婦のほか、芥川龍之介・横光利一・川端康成・片岡鉄兵など、三十名余にものぼる日本の文化人たちと面会し、まさに上海で始まった日中文学者同士の交歓を、海を越えて広げたのである(14)。帰国する際、田漢は佐藤春夫を上海へ招いた。七月十二日から八月三日まで上海を訪問した佐藤夫婦一行（夫人の姪も同行）の案内役は、映画制作で忙殺されていた田漢の代わりに郁達夫が務めた。春夫は南京・杭州へも旅行し、王独清《おうどくせい》・鄭伯奇《ていはくき》・徐志摩《じょしま》・欧陽予倩などの面々と会った。春夫が内山完造を通して芥川龍之介自殺の報に接したのは、滞在中の七月二十七日だった(15)。

田漢と金子夫婦との交流は、彼らが二度、三度と上海を訪問するなかでも続き、戦後も文通は続いていたようである。一九六八年正月に、光晴は日録に「ことしは、田漢から年賀状が来ない。紅衛兵にずいぶんいじめられて、いやなおもいをしたらしいのを祭し《ママ》る」と記し、田漢の安否を案じている（「日録（2）」『雑纂』［十五：三六三］）。しかし田漢がまさにこの年に獄死してしまうとは、当の光晴も想像できなかっただろう。

村松梢風を始め、谷崎潤一郎、金子光晴夫婦ら日本人文学者と中国の文化人たちとの交流を見ると、個人レベルの、友人同士のような付き合いが特徴となっている。大正日本の教養主義を一身に受けて育った田漢たち「留日組」が、大志を抱えて祖国に戻ったものの、ほぼ外国の植民地と化した上海、そして祖国の厳しい現状に直面して、「絶望的な、自滅するのをじーいッと待っているような心持」に襲われたのも当然であろう。「上海に戻っても異郷にいるじゃないか」という心境（田漢「郷愁」、一九二二年）は、多くの帰国留学生が抱えたものであろう。こういうとき、日本人街と内山書店は、ある意味彼らの郷愁を呼び覚ます存在であり、留学時代から憧れていた日本の文学者との出会いは、さらに望外の喜びであったろう。一方、異国情緒溢れる国際大都会のなかに、日本語を流暢に話し、日本式の教養を身につけ、日本の文化、文学まで熟知している中国の若者の存在を見出したことは、漢詩文の教養と、中国の歴史文化に対する関心を持つ日本の知識人にとっても、これまた「先輩」意識をくすぐる喜ばしい体験であった。両者が共有していた「他郷で故知に会う」心情と、「日支親善」を望む熱意が、こうした友好ムードを醸し出したのである。

いうまでもなく、個人同士の友好ムードの背後には、五・三〇事件（一九二五年）や山東出兵（一九二七―二八年）のような両国間の衝突が、日中戦争前の一九二〇年代においても歴然と存在している。日本の山東出兵に諸手を挙げて賛成する村松梢風の態度は田漢の激しい反発を招き、二人の友情に終止符が打たれるようなことも起きた。(16)にもかかわらず、はっきりと侵略側と侵略される側という厳しい対立に分断されるまで、一九二〇年代の上海における日中交流には、全体として友好ムードが保たれたのは確かである。また日中両国間に限らず、世界各国との文化交流も、この時期極めて活発に行われ、ラッセル、アインシュタイン、タゴールなど、上海を訪ねた国際的な有名人も少なくない。田漢も、二六年の一年間に、谷崎のほか、日本の画家三岸好太郎・岡田七蔵、ソ連の作家ピリニャーク（Boris Andreevich Pilnyak, 1894-1937）、アメリカの舞踏家ダンカン（Isadora Duncan, 1877-1927）などを迎えている。一方、国内の文化人同士の交流においても、谷崎を囲む「消寒会」は同時に上海文芸界が催す初めての大集会であり、それ以降「梅花会」「文酒会」などの文芸界の集会が、田漢や欧陽予倩などを中心に頻繁に開かれるようになる。(17) こうして各国の文化人が一堂に会して「飲んで踊って騒いで」いる場面は、一九二〇年代、内外に開放的だった上海文芸界の溢れんばかりの活気を象徴する光景といえよう。

二

一九二〇年代の上海は、政治的激動の舞台でもあった。二一年に中国共産党が上海で成立し、二四年には孫文が「連ソ・容共・農工扶助」政策のもと、「国共合作」を成立させた。孫文は翌年北京で死去したが、総司令蔣介石の指揮の下、北京の軍閥政府の打倒を目的とする「北伐」が二六年七月より始まり、民衆の絶大な支持を得た。前年の三月に広東大学の招きを受けて文学院長になっていた郭沫若は、総政治部秘書長として北伐軍に参加した。魯迅も二六年八月に北京を離れて厦門大学に赴任し、翌年には中山大学（広東大学が二六年九月、孫文を記念して改名）文学部主任兼教務主任に転任した。郁達夫・謝六逸・鄭伯奇なども含む、多くの文人が従軍したり中山大学の教官を務めたり、または国民党の広東・武漢政府に参与したりすることで、積極的に国民革命に参加した。「北伐」は破竹の勢いで各地の軍閥を破り、武漢・上海・南京も次々と国民革命軍の手中に落ちた。しかし三月に上海入りした蔣介石は、共産党の力を恐れ、四月十二日に一大粛清に乗り出し、上海・広東・武漢などの各地で多くの共産党員を逮捕、虐殺した。

この四・一二クーデター直後に、日本のプロレタリアート文学雑誌『文芸戦線』から派遣された小牧近江・里村欣三の二人が上海を訪問し、郁達夫や田漢ら上海の芸術家に面会した。郁は個人名義で「日本の無産階級文芸界同志に訴う」という一文を書き、「集会結社の自由」「言論の自由」を剝奪した「蔣介石の如き新軍閥」を批判した。郭沫若・郁達夫・魯迅ら文学者八名も「中国文学者の英国智識階級及び一般の民衆に対する宣言」を連名で発表した。[18] こうしたなか、小牧一行が帰国してまもなく、蒋介石政権南京政府の「総政治部宣伝処芸術科顧問電影股長」の肩書きで日本を訪れた田漢の言動は、ひどく物議をかもすこととなった。田漢は革命映画製作のためだったと弁明したが、その映画制作も結局失敗し、上海に戻らざるをえなくなった。彼はその後民間の「上海芸術大学」の文学部主任に就任し、さらに南国芸術学院・「南国社」を結成し、映画と戯劇の創作に精力を注いだ。[19]

佐藤春夫の案内役を務めた郁達夫は、一行が上海を離れる前日に、「今捕手の者がやって来た、が顔を知らないので、今当人は留守だとうまくだまして逃げて来たんだ」と告げに来て、また慌てて別れていったという。[20] その後も幾度となく身の危険を感じ、翌年三月の春夫に宛てた手紙のなかでも、自分は上海の郊外に身を隠していると書いている。[21] 蒋介石と対決姿勢をとった郭沫若は共産党の南昌蜂起に参加し、やがて日本への亡命を余儀なくされた。

クーデターの後、魯迅も中山大学を辞し、教え子の許広平と共に上海へ移り住む。その後内山書店を訪ねた魯迅は完造と知り合い、生涯を通じて深い友情を結ぶことになる。郁達夫も、この頃郭沫若・成仿吾らとの意見不一致のため創造社を離脱し、魯迅の雑誌『奔流』を手伝うようになり、以降魯迅と行動を共にすることが多くなる。内山完造というパイプ役を通じて、日本文化人の「魯迅詣で」が始まり、田漢に代わって魯迅、郁達夫が日中交流の中心人物となる。金子夫婦もこうして二人と出会ったのである。

一九二八年二月、国木田虎雄夫婦の案内役として上海を再訪した光晴は、内山の紹介で、魯迅、郁達夫と知り合った。四月二日に、訪欧途中の本間久雄を囲む日中文化人の会食に出席した魯迅は、日記で「達夫より招かれ陶楽春で飲む、広平とともに行く。国木田君および夫人、金子、宇留川《マヽ》、内山君同席。酒一瓶を持ち帰る」と記している。[22] 魯迅の日記には、これ以前に内山書店に赴いた記述がすでに何箇所かあるが、完造の名前が出たのは初めてであり、おそらく彼と完造の親交もこの時期から徐々に深まったのだろう。
ところで四月二日の会合について、いままでこの魯迅日記のみが資料として挙げられてきたが、郁達夫も日記を残している。

四月二日、星期一（閏二月十二日）、阴雨、后晴。中午在陶乐春请客、到了鲁迅及景宋女士、与日本的本间久雄氏、金子光晴氏、国木田虎雄氏与宇留河氏。午膳毕后、又请他们去逛了一趟半凇园。回来在小有天吃晚饭、到日本人五十多人、总算是极一时之盛了。闹到晚上的十二点才回来。

四月二日、月曜日（閏二月十二日）、曇り雨、後晴れ。昼陶楽春で宴席を設け、出席したのは魯迅および景宋女史（魯迅夫人許広平——筆者注）、それに日本人の本間久雄氏・金子光晴氏・国木田虎雄氏と宇留河氏である。食事の後、彼らを半淞園に連れて行った。
帰ってから小有天で夕食をとり、五十人を越える日本人がやって来て、大いに盛り上がった。夜中の十二時になってようやく帰宅した。(23)

主賓の本間久雄にも、四月五日にヨーロッパに向かう船の中で書かれた「上海雑記」がある。それによると、彼は「昼少し前に上海につ」き、内山らの出迎えを受け、直ちに馬車で陶楽春へ行った。そこには魯迅夫婦や郁達夫のほか、「二ヶ月ばかり前から上海に来ていたという国木田虎雄氏夫妻や詩人の金子光晴氏も同じ座にあっ」た。本間は魯迅の印象について「見たところは頬がこけ、まばらに頤髭が生えて、どこか、われわれが常に南画の中の人物で想像している、高士とか墨客とかいうたぐいの風采の人だ」と述べている。一方、郁達夫は「才気煥発の現代人らしく、云うこともてきぱきして、魯迅氏が、しづかに考え考え物を云うのとはよい対照であった」という。夜の小有天での会合には中国側の「文芸方面や、思想方面に携わる新人連が廿余名」が出席したとのことで、郁の言う「五十人を越える日本人」と合わせると、七十人以上の大きな集まりだった。その席で欧陽予倩が「胡弓に合せて支那の民謡をうたって興を添えた」こともあり、[24]「国民革命」前後の激動がようやく一段落して、上海の文芸界も再び平静を取り戻しつつあったといえよう。

三

二度目の上海訪問で魯迅、郁達夫と出会った金子光晴は、同じ年の十一月、三たび上海の土を踏むことになる。留守の間に若き大学生と恋に落ちた妻との関係を修復しようと、妻を連れてフランスへ行く途中、上海を経由したが、旅費集めのため半年以上住むことになった。[25]今度の宿も一回目同様、内山書店とも景雲里の魯迅宅とも近い余慶坊であり、夫婦同伴、しかも半年以上にわたる長期滞在が、彼らと中国文化人との交流を一層深めることとなった。到着早々、二人はまず田漢が「上海南郊の映画撮影所のスタジオ」で催した歓迎会に招かれ、「文士連や映画関係の人々四五十名がその席に集った」という。そして余興の芸もあり、黎明暉が胡弓に合わせて「汾河湾」を歌い、三千代は胡弓の音色に魅了された。[26]上海滞在中の金子夫婦は、こうした日中の文化人が一堂に集まる交歓パーティーや会食に頻繁に同席するほか、個人個人との付き合いも多かった。

金子光晴は晩年しばしば魯迅との交友を語っている。『詩人』(一九五七年)や『どくろ杯』に含まれる記述はよく知られているが、亡くなる一ヶ月前、一九七五年五月の「風来人上海回想録　金子光晴さんに聞く」というインタビューも、魯迅との交友について詳しい。

魯迅とは一緒に食べた思い出は多いんだよ。あの人は、田漢みたいにへんな物は喰わないの。ぼくと食べに行ったのは北四川路の滬江春菜館とか、申江楼菜館なんていうところで、焼ソバ程度のものを食べるんです。大きな食事は、大概内山さんの会で食べるんだ。

内山完造さんは、日本の文化人がヨーロッパの行き帰りに上海に寄ると、四馬路の陶楽春とか、小有天とかいう広東料理屋で、必ず歓迎会をやるんです。ぼくらが行った時も、陶楽春の方で一席もうけてくれました。長谷川如是閑とか、前田河広一郎とか、いろいろきましたよ。その歓迎会の常連に呼ばれるのがね、魯迅さんだ。内山さんが日本と中国の文化の交流のために、はからっているわけなんだよ。長谷川如是閑が来た時は、朝の十時から陶楽春で宴会して、夕方の五時に小有天の方で宴会、とつづいたんで、ぼくはひどい下痢したことを覚えてますよ。(27)

長谷川如是閑は一九二八年十月に南満州鉄道会社の招きで、東北地域を巡遊し、帰途青島から上海に赴き、南京・杭州などを経て十一月に帰国したが、十一月十一日に内山完造の紹介により、彼の作品を翻訳したこともある魯迅と会食した。(28)その日の魯迅日記は「晩、内山完造より招かれ川久料理店で飲む。長谷川如是閑、郁達夫同席」となっており、金子の名がなく、料理店も異なっている。おそらく光晴が参加した会食とは別のものだったのだろう。そして十二月二十一日には「夜、前田河広一郎、内山完造、郁達夫を招き、中有天で夕食」と記されている。ここにも金子光晴の名がないが、光晴は『どくろ杯』のなかでこの会食と思わせる場面を次のように描いている。

内山先生は、四馬路で常連をあつめて歓迎の宴を張った、その席に、魯迅や、郁達夫もいた。赤ら顔で、精力的な前田河は、魯迅を前時代的な文人と呼び、郁達夫を蒼白いインテリときめつけたが、『三等船客』という短編でのしあがってきたアメリカで労働をしていたというこのタフな作家の時世という風雲に駕して、懐疑のない一直路のきめつけかたに、魯迅も郁達夫もなに一つ返すことばがなく、ひっそりとしているのをそばにいた私は歯がゆいおもいをするばかりだった。［七：一〇〇］

しかし前田河広一郎本人は、別の情景を描き出している。一九二九年に刊行された『悪漢と風景』は、この時の上海旅行の記録であり、魯迅ら中国の文化人との交流のほか、金子夫婦（「K―夫婦」）との交友も描かれていて、興味深い作品である。それによると、「支那へ来て一月目」、北四川路にある中有天で歓迎会が開かれ、

支那流なコースがはじまって、甘酸っぱい淡白な紹興酒が一座の気持を温かめ出すと彼（魯迅）はぽつぽつこんなことを語った。

「現在の私は、虚無主義です。国民革命なんて、何のことやら、私には全然無意義な現象に過ぎません。——民衆運動と云ってもそれに魂を打込むことは私には出来ません。」（中略）

彼れの中年期の魂は、あまりに支那の矛盾を知り過ぎて、その諸矛盾の迷宮に途惑《ママ》いしているようだった。私は彼に支那のコムミユニスト運動のことを訊ねた。彼は立ちどころに、それは一つの「現象」である、やがては押流されて行く水の上の藁である——という風に、老子的な立場から答えた。（中略）

魯迅は懐疑的であり、悲観的であり、虚無主義的であるが、彼は現代支那の文壇に於けるともかくもの一方の雄将である。そして、郁達夫は楽天的に見え、ローマンテイックであり、支那のインテリゲンツイアの最後のブルジョアジーを克服しようとして苦悶している、殆どもう一と息の転換でプロレタリアの領域まで

接触しているような作家である。二人とも、一般的な意味に於ける社会主義作家であることに論はない[29]。四十年後に書かれ、小説的な要素も多い『どくろ杯』に比べ、当時発表された前田河の作品はより事実に近いと思われる。

一九二八年から二九年にかけて、上海文学界は「革命文学論争」を起こしている。創造社や太陽社のメンバーは、魯迅を「プチブル文学者」と名指しで批判した。そこには当時盛んだった日本のプロレタリア文学からの影響と、国民革命の挫折が濃い影を落としている。攻撃を受けた魯迅は激しく抵抗し、若者の文学と革命の機械的な捉え方を批判した[30]。渦中の魯迅を直に見ていた光晴と前田河の記録には、ドキュメンタリーとしての面白さがある。光晴は日本人倶楽部で開かれたある会合で、前田河と激しく論争した郁達夫がこぶしで机を叩いて、血まで流したことを回想し[31]、前田河も「或る会合の席上で、郁達夫と私とが熱心に討論」し、「私は、支那の情実的な文壇の封建関係を無視して、かなりはげしく彼と論争した」という[32]。こうしたなか、「二つの胡桃《くるみ》割りのように」「つれ立ってあるいている」魯迅と郁達夫の姿から、光晴は「アナルシストから、コムニストに転向しようとして、懊悩苦悶しているところ」を見出し、「他人《ひと》ごとではない同類意識」を感じとっていた（『どくろ杯』[七：九八―九九]）。

フランス象徴詩の影響を受け、高踏的な『こがね蟲』によって華々しく文壇にデビューしたものの、折からの関東大震災や、プロレタリア文学の流行により出鼻をくじかれた光晴は、プロレタリア文学に対して少なからぬ違和感を持っていた。自然に彼は創造社の若者や前田河よりも、深い文士的な教養を有し、「イデオロギーのお化けを書きたくない[33]」魯迅に「同類意識」を抱いていた。対して妻の三千代は時代の潮流に敏感だった。彼女は、「その頃、日本で、彭湃としてみなぎり起っていたプロレタリヤ文学の気運は私にもひびきをつたえ、私はすぐにも日本へ帰ってそのなかに飛び込まなければならない衝動にかられたり、それが出来ない状態のためにいらいらしたり、動揺と不安と、楽観とが交々私を襲いました」と回顧している。[34]三千代のプロレタリア文学受容に、「時代の潮流」にすばやく追随する点で、創造社の若者と通ずるところがあったとすれば、逆に魯迅と光晴には、簡単には時流に流されず、自分の「疑い深い」目で現実を見極める共通点があったといえよう。若者と激しく論争を交わしながら、「必要にせまられて」多数のマルクス主義文芸理論を精読した魯迅は、若者以上にマルクス主義文芸理論を理解し、三〇年に中国左翼作家連盟が上海で成立したときは、その中心人物と見なされるようになった。一方の光晴も、やがて上海や東南アジアの厳しい現実をつぶさに観察したうえで、マルクス『資本論』、レーニン『帝国主義』などを熟読し、植民地政策を批判するようになる。

前田河の送別会は一九二九年一月二十六日に開かれ、魯迅の日記は、「雲。昼、達夫より招かれ陶楽春で飲む。広平とともに行く。前田河、秋田、金子夫妻、語堂夫妻、達夫、映霞、計十人同席す」となっている。前田河は、鄭伯奇等の編集した『文芸生活』に、「魯迅先生は愈々南京政府から月々二百元かの国民政府賞を付与されることとなった、それにつけても魯迅先生の健康を祈るというような皮肉な報道」について魯迅に訊ねたが、「いや、あれは宣伝です」と魯迅は、「蒼白い顔に、長く伸びた髪をかき上げて苦笑した」という。[35]

森三千代が魯迅と会ったのが、この席が初めてかどうかは不明であるが、彼女を含む四人もの女性が同席したテーブルの雰囲気は、きっと家庭的で、和やかなものだったろうと想像できる。ざっくばらんに進んだ話題は、長い間、金子夫婦の心に残ったようである。

五日後の一月三十一日の『魯迅日記』に、また「達夫来る。『森三千代詩集』一冊を渡され、ちまき十個を贈らる」と記されている。森三千代の二冊目の詩集、『ムヰシュキン公爵と雀』である。[36]これは、恋人や子供への思いを綴った旧作をまとめて、『在留邦人人名録』を出版した島津四十起に、光晴が頼んで作らせたものである。

そして五年後、三冊目の詩集、『東方の詩』を出版した時も、三千代は日本から一冊を魯迅のところに送った(一九三四年三月十二日「魯迅日記」、「昼過ぎ、『東方の詩』一冊を受けとる。著者の森女史より寄贈されたもの」)。アジアからヨーロッパへの旅風景を記録した詩集だが、三千代は「後記」のなかで上海の暮らしを回想し、魯迅と郁達夫のことを「人懐つこい郁達夫さん。蘭の話を聞かせてくれた魯迅のおじさん」[37]と親しみを込めて呼んでいる。三月十七日の魯迅日記には「森三千代女史に手紙、寄贈書の礼」という文面が見られるが、『魯迅全集』にも収められていないこの返信が森家により近年発表された。[38]全文は次のようである。

拝啓一昨日御頒与ノ『東方の詩』ヲイタヾイテ御陰様デスワッテ色々ナ処ニ旅行スルコトガ出来マシタ。厚ク御禮ヲ申シ上ゲマス。

蘭ノ話ト云ヘバ料理屋ニ集マッタ有様モアリ〳〵ト目ノ前ニ浮出シマス。併シ今、上海ハアノトキト大ニ変ッテドウモサビシクテタマリマセン。

三月十七日[39]　魯迅　上

森三千代女士几下

ところで、二人のいう「蘭の話」とはいったい何だろうか。晩年の光晴がテープに吹き込んだ独り語りの一節、「郁達夫と魯迅」の冒頭にその答えが含まれている。

彼(魯迅)は新しい文士だったけれども、ぼくより年は上だったと思うな。非常に古いことを知っているからおもしろかったの。

たとえば中国の街の構造としては、まず大きな城壁をめぐらせていて、戦争があると、城外で働いてる百姓なんかがみんなその中に逃げこむんですよ。だから考え方によっちゃ民主主義なんだ。日本は自分たちだけ城にこもって百姓はどっかよそに逃げていくでしょ。そういうところが違うところだな。まあ、そうした城壁の前に蘭作りが、朝になると、自分で作った蘭をおいて売るんだとか、魯迅はそういう話をしてましたよ。(40)

三人とも忘れていない蘭の話は、やはり二十六日の会食で出たのだろうか。金子夫婦と魯迅とは、会食の席や散歩道でよく顔を合わせ、話を交わしたものの、お互いの関係はそれほど深まったとは思えない。二人が魯迅の著作を精読した痕跡もあまり見られない。しかし光晴の魯迅像は、どことなくツボを押さえた、独特の味わいを帯びたものである。

……魯迅と郁達夫は、いつも肩を並べてあるいていた。

瘦せ型のちょっと日本人のような顔の郁と、少し背の低い、たれ髯の、好々爺然とした魯迅は、北四川路の横浜橋《ワンパンジョ》のあたりや、内山書店の裏にあたる小路を、話に実が入りながら近づいてくる。魯迅は、僕をみつけて笑いかける。大変な虫歯だ。彼は当時、尖鋭な若い革命作家からは、ふるいアナーキストとおもわれていた。多分に、文人的な風貌もあって、僕は、若い仲間といる彼がいたいたしかった。ひどくのんきそうなところもあったし、大人《たいじん》のようなところもあった。従って、あまり、むずかしい話はしなかったが、彼はいつも、くすぐったい微笑で、僕をみながら、この「風来坊が」といった顔つきをした。郁は、ずっとざっくばらんで、勝手なことを話しかけてきた。

「金子さんは詩を書くんですか。画をかくんですか」

「詩も、画もかくよ」

と、魯迅は、僕の返事も待たずに言った。

両方かいてもいいじゃないか、というような言いかただった。昔から儒教中国でなく、道教中国だという説をきかせたのも魯迅だった。一刀一刀あざやかに、中国をけずって、手の上にのせてみせてくれた彼は、ただの文人ではなかった。この二人はアナ系で、まだはっきりとコミュニスト陣営には近づいていなかったが、もうだいぶその方へ傾斜していた。（『詩人』〔六：一七六―一七七〕）

四

郁達夫と激しく議論した前田河は、郁の「日本語の上手なことに感心したばかりでな」く、その「執着力」にも驚いたが、翌日の朝早く宿へ来た郁達夫は、「一日、支那の女詩人や二三の作家と食卓を囲もうと云って、陶楽春へ」前田河と「K―という詩人」（金子光晴）を誘った。「その会合は愉快であった。そこで私は、やはり支那の女詩人にも内屈的な憂鬱性を帯びた女があることを知った」と前田河は記したが[41]、この「支那の女詩人」は恐らく当時魯迅とも郁達夫とも交流のあった白薇であろう。白薇は、金子夫婦、特に三千代にとって、上海生活における大きな存在であった。

その次は、三千代が東京女子高等師範の学友の黄白微《ママ》女史とのあいだの旧交をあたためたがっているので、郁は、私たちを彼女が病臥している二階の小室につれていった。黄は美しくなかったわけではないが、

ひどくやつれて、もみ紙のような顔をしていた。彼女はすでに中国の文壇ではうれた顔であった。（『どくろ杯』［七：一三〇］）

白薇（一八九四―一九八七）、本名黄彰、別名黄素如ともいう。湖南省の名門に生まれ、父親は留日経験もあり、辛亥革命にも参加した。彼女は長沙第一女子師範などで学び、成績も優秀だった。しかし親に決められた結婚に苦しめられる。読み書きも出来ない夫や姑の虐待に耐えられず、故郷から逃げ出し、上海、そして日本へ渡った。下女などをしながら勉強し、後に東京女子高等師範学校に入学した。翌年、福建省出身で東京高等師範学校在学中の楊騒《ようそう》（一九〇〇―五七）に出会い、恋に落ちたが、楊騒は初恋の人を忘れられず、黙って彼女の元から姿を消した。白薇は二六年冬に帰国し、翌年春に武昌へ行き、国民政府総政治部で日本語の翻訳をしたり、武昌中山大学の講師を務めたりして、熱心に国民革命に参加した。北伐の後に彼女は上海に移り、執筆活動を始め、二八年に詩劇「琳麗」を発表した。「幽霊の塔を打ち壊して」と題された戯曲が、魯迅の編集する雑誌『奔流』創刊号に掲載されたことで、「女性作家」として一躍有名になる。同じ頃、シンガポールから上海へ帰国した楊騒と再び同居し、ともに魯迅から文学上の指導や経済的援助を受けながら、文学活動に没頭した。しかし二人の恋は決して穏やかなものではなかった。性格の違い、楊騒の女性問題が引き金になり、さらに楊が原因で白薇は重い性病に罹り、争いは絶えなかった。一九三三年、二人はこれまでの恋文を『昨夜』というタイトルで出版し、「愛情を金で売る」ことによって、関係を清算することにした。恋の苦しみを、さらに長編小説『悲劇生涯』を通して赤裸々に告白した白薇は、時代の新しい女性として認められる一方、様々な誤解や中傷も受けた。白薇はその後、数奇な運命を辿り、長く生きたものの世に忘れ去られ、貧窮のうちに亡くなった(42)。彼女の晩年、いずれも遠縁の親戚の手による『白薇評伝』（一九八三年）と薄い『白薇作品選』（一九八五年）が出版されたが、あまり反響がなく、それ以降の作品集出版や関連研究も、管見の限りあまり見られない。

一九一〇年代に始まった新文化運動や、二〇年代の国民革命の波に乗った中国の女性運動は、少なくとも大都市圏では当時の日本を越える大きな成果を収め、その影響は恋愛結婚に関する意識の変化をはじめ、教育・参政・社会進出など多方面にわたった。特に二〇年代以降、新しい文化の集約地になりつつあった上海では、女性の政治家・大学教授・弁護士・企業家・医者・作家・記者などもそう珍しい存在ではなくなっていた[43]。本間久雄も前述の「上海雑記」でこの状況に言及している。彼は自分を歓迎する会合で章錫琛《しょうせきちん》と知り合った。章は、『新女性』と題する雑誌を主宰し、婦女問題研究会を組織し、本間の『婦人問題十講』も翻訳した、いわばフェミニズム運動のリーダーであった。彼から、上海では「新しいものはやはり極端に新しく、国民政府の委員となったり或は上海臨時法院長となったりして、社会的に活動している婦人もある」と、聞かされた本間は、「日本の婦人には見られないところだ」と感想を洩らしている[44]。前述した、一月二十六日の前田河の送別会の席上でも、顔をあわせた四組のカップルのうち、魯迅と許広平、郁達夫と王映霞の二組は共に親が決めた「封建的な」婚姻関係を無視し、自由恋愛で結ばれていた。こうした「新女性」と付き合いのある金子夫婦の観察は、実感がこもっている分、確かである。

> ここ二、三年の婦人支那服の流行の先端は、首襟の高いこと、窮屈なこと、裾の横がたくさん切れて、靴下の少し上方まで足がこぼれて見えることが条件である。この流行は街をひどく煽情的にし、支那婦人の誇りにさえなる傾向があり、街で買物をするにも英語のほかは使わないものもいる。（中略）
> しかし、政治をやろうとか芸術に献身しようとかいう若い娘は、こういう上海娘とは、同じ先端を切っていてもまったくゆき方がちがっている。

田舎の素封家の娘などが多くて、その旧物破壊思想にも相当、精神的犠牲の上に建てられた内容があって、その点やぼくさくも見える。彼女たちにはいつも、民国の将来という意識がはなれず、身をもって猪突してゆく悲壮な精神に心を燃やしているようである。青鞜社のできたころの日本の空気とよく似ている。娘たちは、勝手に〝意中的情人〟とフランス租界あたりの小さな部屋を借りて恋愛人生の自由を謳歌している。一、二のそういう若い人たちを私も知っている。女が魯迅の弟子で、男が詩人という一対の侘び住居を私はおとずれたことがある。（「上海灘」一九三三年頃推定、生前未発表［十一：六〇］）

しかし白薇のような、大胆に恋を求める女性に注がれた光晴の眼差しは、どことなく冷ややかである。『どくろ杯』のなかでも光晴は上海で起きていた金持ちの令嬢黄慧如と「人力車夫」（正しくは男僕）陸根栄との駆け落ち事件を取り上げている(45)が、自由恋愛を求める慧如より、社会のどん底にいる車夫に注目している。そこにはおそらく白薇と似たもの同士の妻（しかし妻の恋人は自分ではない）に対する複雑な気持ちも投影されているのだろう。若き光晴は、日本の「断髪で、洋装している」「新しい女性」は、「少数の最先端をゆく支那婦人とともに、世界で、現在、一番美しい魅惑的な女性のうちの女性群である」（「欧羅巴の鬼」『スバル』三巻二号、一九三一年七月［八：三五四］）と言い切っている。しかし同時に上海の新しい家庭の、「不必要な場所にまで妻君がのり出し、妻君を尊重することを列席一同に強請する傾向」や、「妻君はまた実に自由にふるまい、高談雄弁四筵をおどろかすという風」に対して、「日本の男はとうてい、権高《けんだか》い支那婦人のおもりはできない」（「上海灘」［十一：六一—六二］）と思わず本音を洩らしている。しかし三千代にはそうした自由奔放な生き方がまぶしく見えた。彼女は後に、上海生活の一ばん印象の深かったある夕。女子高等師範時代の級友、黄白薇姉妹と、三人で、新雅料亭の卓をかこんで、恋愛論をたたかわせたこと。この支那の女流文士の大胆さは私を顔負けさせました。(46)

と回顧している。一九四六年十月の『桃源』創刊号に掲載された「病薔薇」と題する短編小説は、恐らく白薇を描く唯一の外国の文学作品である。余慶坊に住む「桂龍子」は、友人「郭周夫」(47)に連れられて、かつての学友、「中国女流文壇の鏘々」、しかし今は重病中の「朱薔薇」を訪ねた。帰り道に郭宅で麻雀をやりながら、龍子は日本留学中の朱姉妹との付き合いを回想した。一ヶ月後にすっかり元気になった朱薔薇が、杭州からわざわざ来た妹範美と一緒に龍子に会いに来て、三人が近所の「滬江春」という料亭で食卓を囲みながら、女高師時代の思い出や、恋愛論などについて話し込む。

白薇の日本留学の経歴は、まだ不明なところが多く、森三千代と「同期」であり、在学中から付き合いがあった事実は興味深い。ともに美貌の才媛で、自由奔放に愛情を求め、時代の潮流にも敏感だった二人は、学生時代からお互いに意識していたようである。三千代は、愛情に一途な白薇の気持に理解を示し、そこに自分の恋人に対する思いも重ね合わせた。光晴は妻を恋人から引き離すため、パリへ連れて行くつもりだったが、三千代にはパリで恋人と再会する密かな約束があった。夫に言えないこの秘密を、彼女は異国の女友達に遠慮なく語っている(小説のなかでは夫、光晴の存在が見られない)。この異国の土地で「思いもかけぬ三人の旧知がおちあうようになった運命のはからい」を、「神の摂理とよんでさえいい(48)」と思った主人公の気持ちは、三千代本人のものに違いないだろう。

同時に、かつて同級生だった白薇が中国の文壇に「かち得た地位」と、「日本の文壇ではまだかけ出しとまでもゆかない」自分とを思わず比較し、刺激される三千代もいた。彼女は「いったん捨てたつもりの文学的野心と、空費している時間へのあせりで、身のおきどころもなくしている」[49]思いだった。

一九二〇年代の上海は、女性文学を生み出す中心的な場所でもあった。白薇のほか、丁玲《ていれい》・盧隠《ろいん》・馮沅君《ふうげんくん》・蘇《そ》雪林《せつりん》など、後に文学史上名を残す数々の女性作家は、この頃上海で文筆活動を始め、頭角を現しつつあった。このような環境が、幼少期から作家志望の森三千代に大きな刺激を与えないはずがなかった。国から離れ、貧困の放浪生活を送りながらも、彼女は決して文学を放棄せず、こつこつと日記帳に「習作」を書きとめていた[50]。やがてこの長い旅は、帰国してからの三千代が多くの作品を世に送り出す糧となる。四〇年代から五〇年代前半までの間に、三千代は『新潮』や『小説新潮』などの大衆文芸誌の常連作家となり、夫の光晴よりも高名な作家であった。しかし五〇年頃から急性リュウマチを患い、徐々に体の自由を奪われ、最終的に作家生活を断念せざるをえなかった。

今となっては、白薇同様、不当なほどに忘れ去られ、金子光晴の妻としてしか知られていない三千代だが、放浪の旅を題材にした作品を数多く、しかも光晴より前に発表していた。上海を舞台とするものに限ってみても、筆者の調査では、「病薔薇」のほか、余慶坊での光晴、秋田義一との同居生活を描く短編小説「通り雨」（『新潮』一九四〇年八月号）、朋子（友子とも書く）を主人公とする「春灯」（『改造』二八（三）、一九四七年三月）シリーズ作品（「春灯」以下、「女の火」「火あそび」「髑髏杯」「根なし草」などの短編小説が含まれている[51]）がある。これらの作品は、光晴の『どくろ杯』のエピソードを多く含み、その下地になっている一方、自伝とは異なる小説という手法を通して日本人居留民の姿、特に上海を生きる日本人女性の形象を見事に描き出している[52]。上海で過ごした日々は、森三千代にとって、決して「空費している時間」ではなかったはずである。

五

三千代を通して上海で活躍する女性作家との交流を深めた金子夫婦は、光晴の「画家」の縁で、更に交友関係の輪を広げた。幼少時から浮世絵師小林清親に日本画を習い、東京美術学校日本画科で学んだ経験もある（三ヶ月で退学）光晴は、旅の間もっぱら絵を描いて旅費を稼いだ。二九年三月三十一日に日本人倶楽部の二階で開かれた展覧会で、「広重風」で描いた「浮世絵上海百景」が、かなりの成果をあげ、魯迅も二枚を買ったことは有名である。しかし、光晴やその周辺の日本人画家と、当時の上海美術界との関わりについては、これまであまり言及されてこなかった。

一九二六年春、金子夫婦が初めて上海を訪ねたとき、前述した内山完造が催した歓迎会で、画家の陳抱一（一八九三—一九四五）と出会っている。

白いテーブルクロスの上に、瓶いっぱいの藤の花が咲きこぼれていた。それは陳さんの家の庭からの御土産であって、私が見事な藤だ、と賞めると、日本の藤よりも花が大きくって房が短いでしょう。白いのは支那では銀藤といいます。陳さんは巧みな日本の言葉で話された。それもその筈でこの方は日本の東京美術校出身で、現に奥さんは菊坂の女子美術出の日本の方だ。過日江湾《キャンワン》なる邸宅を訪問した時、その大きなアトリエの中でお会いした時はすっかり支那婦人らしくなりすましていられてちょっと初はわからない位だった。（森三千代「上海より」［八：三一四］）

陳抱一は一九一六年から二一年まで東京美術学校西洋画科で学び、卒業後日本人の妻飯塚鶴を連れて帰国し、上海江湾区の自宅に大きなアトリエを建て、翌年から劉海粟《りゅうかいぞく》の上海美術専門学校（二七年より上海美術専科学校と改称）教授に就任した。ほかにも豊子愷《ほうしがい》らの立達学園美術科、神州女学校美術科、上海大学美術科などで西洋画教授を兼ねた。二五年陳は中華芸術大学の創設に私財を投じ、同校の主任委員・西洋画教授となる。画業に励みながら、西洋画の中国への普及教育に力を注ぎ、生涯で最も輝かしく活発な時期を迎えていた(53)。その社交的で温厚な人柄と、妻が日本人ということもあり、陳は日中交流の中心人物の一人でもあった。谷崎潤一郎が上海を訪れた際も、陳と交友があり、帰国する際、陳から二匹の子犬をプレゼントされている(54)。光晴にとって、陳抱一との交流は、上海の美術事情を知るチャンスにもなった。彼は一度陳に招聘されて、陳が経営する大学で「芸術講義」を講じたこともあり、「男女の学生は楽しそうに油絵具で遊んでいる」様子を見た。日本人の陳夫人は、名前まで「範美と支那名に改めてい」て、夫と「伉儷《こうれい》むつまじ」いことなどにも言及している（「上海灘」［十一：五九―六二］）。

一九二〇年代の上海は中国近代美術の中心地であった。各種の芸術学校や芸術団体が群立し、美術関連の雑誌も数多く創刊されている。二九年四月には、教育部主催の第一回全国美術展覧会も開かれている。陳抱一自身には「洋画運動過程略記」という一文があるが、彼によると、二〇年代の上海では洋画運動が高潮に達し、日本や欧米各国の洋画家の往来が頻繁に見られる。しかも「素人の平凡な作品」が多い西洋人に比べて、日本の洋画家がより「よい印象を残してい」る。上海を訪れた日本人画家のなかで、陳抱一は特に秋田義一を取り上げている。

当時（約民十六、七年頃）（一九二七、八年――筆者注）、一人の風変わりな日本人洋画家、秋田義一も上海にいた。秋田は本来欧州へ旅行する予定だったが、なぜか途中で方針を変え、上海で何年間も過した。秋田の技法は相当成熟し、なかなかの自信家で、洋画芸術について彼なりの見解を持っていた。彼はとても面白い性格をしていた。一部の中国人洋画家と青年の間では、彼はかなり人気のある芸術仲間だった。しかし彼がどういう性格の人か知ってつきあわないといけない。さもないと、彼は傲慢な変人にしか思えない。酒好きで、少しボヘミヤ（ママ）ぽかった。話は時に辛辣かつ深刻で、いくぶん哲学者の風貌も帯びている。議論し始めると、二三時間も喋り続けて止めようとはしない(55)。

秋田義一といえば、『どくろ杯』のなかに登場した画家である。上海の余慶坊で金子夫婦と奇妙な同居生活を送り、金策のために一緒に上海・蘇州の各地を奔走する物語が、四章数十頁にわたって、可笑しく哀しく描かれている。そもそも光晴の秋田義一物語は、森三千代の「通り雨」から発展させたものだが、『どくろ杯』のなかでは義一は重い肺病を患ったため、先に日本に帰国したと書かれている。しかし実際には金子夫婦が上海を離れた後も、彼は上海で活動していた。この「北海道出身で、画歴、生没がはっきりしない謎の画家(56)」は、魯迅と陳抱一とも実際に関わりを持ち、当時の上海では名の知られた日本人画家であった。

陳抱一によると、彼と秋田とは中華芸術大学で教えていた時期に知り合い、同僚と一緒に杭州へ写生旅行もした。二八、九年ごろ秋田は陳のアトリエに寄寓した時期があり、二九年秋、二人はアトリエで「晞陽美術院」を開き、一緒に洋画に熱心な若者に油絵を教えた。秋田の画芸について、陳は「彼は常にきわめて巧みで正確なデッサンを描き、特に人物のスケッチは非常に面白い」と高く評価している。「晞陽美術院」は半年ほどで閉鎖されたが、その後秋田は蘇州旅行をし、上海に帰ってから個展も開いた。その後日本に戻り、三年後亡くなったという(57)。陳抱一が語っている秋田像は、多少ボヘミアンの色を帯びていたものの、画家としての地位と名誉もあり、『どくろ杯』に描かれたような「上海ゴロ」のイメージとは程遠い。

あまり知られていないことだが、秋田は魯迅とも交流があり、『魯迅日記』にもしばしば登場する。始めは前述の二九年一月二十六日の前田河広一郎への送別会のときであり、おそらく秋田はここで初めて魯迅と会った。半年後、秋田はまた数度魯迅を訪ね、拓片を借りたり、花の静物画を贈ったりした。九月二十七日、四十八歳の魯迅に長男海嬰が生まれると、秋田は「海嬰生後十六日像」と題する油絵を描いた。(58) ふっくらとした赤子の寝顔が描かれたこの絵は、いまも当時のまま、上海の魯迅故居の二階にある夫婦寝室の壁に掛けてある。花の静物画は三階のゲストルームに飾られている。(59) 幼少期から美術に興味を持っていた魯迅もまた、中国近代美術の発展に大きく寄与した一人である。彼は前年の十二月に、外国の版画を中国に紹介しようと、柔石《じゅうせき》ら文学青年と一緒に「朝花社」を創立した。魯迅は、光晴の画展に、柔石・崔真吾《さいしんご》・許広平ら「朝花社」メンバーを連れて来たが、一ヶ月後、再び柔石と許広平らを連れてパン・ウル（宇留河泰呂）の個展を見に行き、油絵「逆立ちする娘」を三十元で買った。頭上に皿を載せ、片手で倒立している女芸人を描いたこの絵も、同じ魯迅故居の、三階の海嬰用寝室の東壁に掛けられている。(60) 魯迅が絵を買った三人の日本人画家、金子光晴・秋田義一・宇留河泰呂は、奇しくも親友同士であり、そして共に美術を通じて、魯迅や陳抱一と友情を結び、一九二〇年代に大きく発展を遂げつつあった中国の近代美術に少なからず寄与したことは、もっと注目されるべき事実であろう。

おわりに

中国知識人との交友は、金子夫婦の貧しい上海暮らしを大変豊かなものにした。谷崎や佐藤春夫のような名高い文学者の短期訪問と異なって、二人は無名の文学青年でありながら、上海文壇の中心に近いところでの長期滞在を通して、中国の文化人とより広く、深く付き合うことができた。会食やパーティーだけでなく、「郁は、黄白薇女子や女子の恋人の革命家の楊などといっしょに、しげしげと余慶坊の家にあそびにきた」（『詩人』〔六：一七七〕）し、夫婦もしばしば彼らの自宅を訪問している。一緒に親しく麻雀をやったり、社交ダンスをしたりして夜更けまで過ごす様子や、話題が政治・文学・愛情などあらゆる方面にわたった場面が、三千代の作品の中にも見られる。このような「日本の家庭でもめったに見られない」「極端でさえある自由な雰囲気(61)」は、三千代にとって大変刺激的であった。光晴も、

……くたびれきったような人間の多い上海の西洋人に比べて、インテリ支那人のうちには各地方の俊秀がいる。少なくともよそで見る支那人よりは、新鮮で潑剌とした気分をもっている。女たちにも知的な美しさがある。ひらめくものがある。（「上海灘」〔十一：六二〕）

と彼らの魅力を認めている。深みのある交友活動は、日本で一度文学的生命も、栄養分も失い、「八方ふさがり」状態に陥っていた光晴にとって、心身を癒す重要な栄養源になっただろう。そして恋の悩みや子供への思いを抱えながら、異国の地で日々を過ごした三千代にとっても、白薇との心を通じ合う交流は心の支えになったに違いない。

金子夫婦の交友関係は、田漢・欧陽予倩ら南国劇社の俳優たちから、郁達夫・白薇・謝六逸など魯迅の周辺、陳抱一を中心とする美術関係まで広がり、そのうえ王独清・鄭伯奇ら後期創造社のメンバーや、新月社の徐志摩のようなヨーロッパ帰りの詩人とも面識があった。その頃、創造社と魯迅との間には、「革命文学論争」が激しく繰り広げられており、陳抱一ら「江湾派」の、西洋美術に心酔する人々も、革命文学を唱える若者とは距離を

置いていた。しかし圏外の金子夫婦にとって、こうした党派や個人的な確執は無意味のものだったろう。中国の文化人だけではなく、彼らは当時上海を訪ねた数々の日本の文化人（文学者と画家）と接する機会も多かった。世話役の内山完造の親切心に負うところもあろうが、光晴の「詩人兼画家」という身分、三千代という女性の存在、長期滞在という時間上の余裕が、交友範囲を広げた。二人はこうして、一九二〇年代の上海における日中文化人の交流ドラマを語る最高の証人になったのみならず、魯迅・郁達夫・田漢、そして白薇・陳抱一らが代表する、多彩で豊かに発展していた上海文芸界の各方面を垣間見させるよきオブザーバーでもあった。

しかしこのような日中文化人の交歓も、やがて戦争という残酷な現実の壁にぶつかる。陳抱一のアトリエと大学は三二年の上海事変の際、日本軍による砲火の犠牲となり、父の遺産に頼って生活を続けていた彼は、一夜にして路頭に迷う身となる。日本留学の経験を持ち、日本人の妻を娶った陳にとって、全財産のみならず、アトリエと作品までこのような形で失われ、心の傷は限りなく大きかった。親戚に頼り、粗末な借家住まいを始めた陳抱一は、その後悲惨な晩年を送り、終戦直前の四五年七月に、五十二歳の若さでこの世を去った。光晴は上海事変の際に、「上海灘」を書き、陳抱一との交流を回顧し、「芸術家の卵をあたためている江湾大学街の砂塵道は、いま兵火のまっただ中であろう」［十一：六〇］と、陳の安否を案じていたが、その心配がまさに的中しようとは、当の本人も予測できなかったろう。

郁達夫は、一九三六年に亡命中の郭沫若を呼び戻すために来日したが、その際多くの日本人文学者と交流を重ね、金子夫婦とも数度会っている。夫婦の牛込の家も二度ほど訪ねており、光晴の詩集『鮫』の題字は、最初に訪れたとき郁達夫が書いたものである。郁はまた、郭沫若も出席し、日中文化人が集まる神田の中華料理店「大雅楼」での会食に夫婦を招いたりもした(62)。来日の間に、漢詩に造詣が深い郁は光晴に記念詩を書き、三千代にも素雅編『郁達夫評伝』（上海現代書局、一九三一年）を贈呈した(63)。しかし郁達夫は終戦直後に、逃亡先のスマトラで日本憲兵に殺されてしまう。郁は素性を隠して酒造工場を経営していたが、日本語が達者だったためしばしば通訳を命じられ、憲兵隊の内情を知っていたことが災いした(64)。

一九三七年の盧溝橋事変の直後、金子夫婦は現地の状況を自分たちの目で確かめようと、当時光晴が働いていた化粧品会社「モンココ」の商業視察という名目で、同年十二月に天津、北京周辺を見て廻った。光晴はこの旅によって戦争の本質を知ったといい、以後戦争に抵抗する道を歩んだ。戦時中多くの抵抗詩を書く一方、一人息子の乾に召集令状が来た時、彼を生松葉で燻したり、雨の中に裸で立たせたりして、近所の医師から気管支喘息の診断書をもらい、召集を免れたことは有名である。戦後「唯一の抵抗詩人」として高く祭り上げられた光晴の抵抗は、近年の研究で明らかになったように、単なる侵略戦争への批判ではなく、より単純な家族愛と、生への欲求も大きく作用している(65)。そのうえ上海から始まり、東南アジア・フランス・ベルギーをまわる四年間の旅も、二人の戦争認識に深く関わったと思われる。

この「放浪の旅」は、光晴晩年の自伝三部作『どくろ杯』『ねむれ巴里』(一九七三年)『西ひがし』(一九七四年)により広く知られ、彼ら自身を含む「どん底」にいる「上海ゴロ」や「パリゴロ」の「極貧」暮らしが、可笑しさと哀れみが交じり合う筆致でつぶさに描かれている。ただし、一言で「極貧」といっても、彼らの上海生活とパリ生活は決して同質なものではない。パリでは生計を立てるために、光晴は「男娼以外すべてをやった」し、三千代も画家のモデルや見本市の店員などのアルバイトをし、肉体労働を強いられたこともあり、二人は文字通り社会の底辺で喘ぐ暮らしを体験した。しかし上海では、同じく一文なしでも、「しごとらしいまともなことはなに一つしな」くても、「ひもじいおもいもせず」(『どくろ杯』[七:一〇三])だけでなく、数々の宴会の食客にもなりうるのである。それは単なる経済上の理由ではなく、東洋と西洋における日本人の地位そのものを物語っている。上海には帝国主義の進出によって成り立つ日本人街が歴然と存在し、「日本人の息がかかってい」

たのみならず、文壇の中心にいる文化人の多くは、日本文化の理解者であり、多くの日本人と交流の輪を作っている。従って、「窮状を助けてくれる人、さらに志を励ましてくれる人」も少なくなかった。一方パリでは、日本は第一次世界大戦後、国際連盟の常任理事国になり、西洋列強の仲間入りを果たしていたとはいえ、西洋社会の根強い人種差別から逃れることは出来なかった。光晴は、「西洋に入ると人情は変り、例え《ママ》在留の日本人がいても、みなおのれの生きてゆく方途に心命を疲らせている連中ばかりで、おなじ魔の沼にひきこまれて這い出ようとあがくばかりの荒涼の場である」と当時を振返り、「四十年近い時間を置いて、頭の冷え切った筈の今日でもなお、そのことを語るとなると、こころが寒々としてくる」［七：一五二］と、『どくろ杯』の後書きで語っている。

東洋、西洋、南洋での体験は、金子光晴・森三千代の人間と文学の形成に大きく影響し、数々の優れた作品を生み出した一方、他の土地では「中国でお友たちになった人たちみたいなお友たちがなかった」(66)ことも、彼らの中国認識、ないし戦争認識に大きな影響を与えた。一九四七年、郁達夫が日本の憲兵に殺されたことを知り、光晴は「憤懣のために眠ることができなかっ」た。彼は「郁達夫その他」という一文を書き、「郁は正直な弱気な男だった」「殺されるような理由はないはずだ」と述べている。そして戦時中に見てきた日本軍人の「凶悪な性格」は、「上の命令で仕方がなしに歪められた性格とばかり僕は見ることができない」、むしろ「上から下まで区別なく、日本人は、ある低い沸点で同様に沸き出し、本来の卑屈さ、乱破《らっぱ》根性がむき出しになる」ことが、「素朴な、好人物な人の息子たち」を、「どれほど憎んでもあまりがある」行為に走らせたことを鋭く指摘したのである。「郁の殺される瞬間、歯をむき出した日本兵の、自分で自分の凶猛性に追いつめられた悲惨な表情が、僕の目の前にせまる」「僕自身の血も冷えかえる」［十一：二一三］と光晴が書いている。(67)安易に戦争責任を「上の人」に帰することなく、戦争への道を走らせる原因を日本国民の精神深層から探ることが、金子光晴の戦争認識の原点であり、戦後長い間、己に課す責務ともなった。いうまでもなく、光晴にこうした認識を形成させた大きな要因は、日本から離れて、中国、東南アジア、そして西洋という外側から日本を見る視角を獲得したことにある。そのうえほかの地域では得難かった現地の知識人との深い付き合い、また親友でありながら、日中の狭間に立たされた陳抱一や郁達夫のような人々の悲運を目の当たりにしたことが、光晴の認識をより厚みのあるものにさせたに違いない。

一方、ベルギーで光晴と協議離婚し、帰国後しばらく一人暮らしをしていた三千代は、中国の若き軍人、鈕《ちゅう》先銘《せんめい》（一九一二―九六）と恋に落ち、鈕の帰国により別れた後も、彼のことを思い続けた。光晴と戦時下の「北支」を視察する旅は、三千代にとっては恋人を探す機会でもあった。しかし、そのとき鈕先銘は南京防衛戦の最中にあり、敗れた後は虐殺を逃れるために、僧侶に扮して近郊の寺に八ヶ月もの間、身を隠していた。戦後、台湾省警備司令部副司令、駐日本軍事代表団団員になった鈕は、東京で三千代と再会する。十数年もの年月を経たこの恋は、深い友情となり、三千代の晩年まで続いた。(68)

言うまでもなく、異国、異文化に対する認識は、決して空中楼閣のようなものではなく、一人一人の具体的な人間、また一つ一つの具体的な出来事を通して積み重ねられたものである。小論で取り上げた多くの事例からも分るように、一九二〇年代の上海で行われた日中知識人の交流には、差別意識の少ない対等性と親近感が確かに存在していた。中国側の、「留日組」のエリート意識や己の青春を過した日本への親近感と、日本側のいい意味での「先輩意識」や中国文化への親近感がうまく合致していて、双方の「日支親善」を望む気持も確かだったと思われる。そのうえ西洋人統治下の「異郷」という環境のなか、日本語という共通語、「日本人街」という「擬似故郷」を共有することも、お互いの親近感を増幅させた。こうした友好感情は、それぞれの中国観・日本観に大きく関わり、のちに日本と中国が戦争状態に突入した時も、国境を越えた真の友情として残っている。谷崎潤一郎は一九四二年、戦争の最中で「きのうきょう」という長文を書き、かつて上海で出会った友人たちを偲び、中国近代文学を代表する周作人・林語堂・豊子愷らの作品を真摯に紹介している。村松梢風は山東出兵に賛成したため、田漢の反発を買ったものの、亡命中の郭沫若の世話役を買って出た。むろん、こうした個人レベルの感情が、国家間の戦争に押し潰されたケースもある。田漢や郁達夫と親交があり、魯迅作品の翻訳紹介に尽力し、中国文学の造詣も深かった佐藤春夫は、開戦後まもない三八年三月、「アジアの子」という作品を発表し、郁達夫と郭沫若をモデルにしながら、二人の離反と「皇軍」への協力を「創作」したのである。(69) 二度の上海事変の間に、「戦地特派員」として上海に赴き、興奮気味に日本の侵略戦争を実況中継した日本文人のなかにも、かつて上海の文化人と交歓した体験を持つもののもいただろう。しかしそれでも、魯迅と内山完造、谷崎潤一郎と田漢・欧陽予倩、金子夫婦と魯迅・郁達夫・白薇らとの間に結ばれた、国境や戦争の壁を越え、年月を経ても色褪せない友情は、決して個別のケースではないことを信じたい。これは確かに一九二〇年代の上海に繰り広げられた、あの開放的で、暖かく、人間味溢れる日中大交歓の賜物である。

金は一文もない僕にも、あのころの上海の思い出はたのしかった。（金子光晴『詩人』［六：一七七］）

（1） 金子光晴「南支の芸術界」『週刊朝日』一九二六年十一月二十八日、『金子光晴全集』第十五巻（全十五巻、中央公論社、一九七五―七七年）、一四一頁。以下『金子光晴全集』からの引用は、［巻数：頁数］の形で示す。

（2） 村松梢風と田漢との関係については、小谷一郎「村松梢風と中国――田漢と村松、村松の中国に対する姿勢を中心に――」『一橋論叢』第一〇一巻第三号、一九八九年三月、および小谷一郎・劉平編『田漢在日本』（人民文学出版社、一九九七年）を参照。

（3）谷崎潤一郎「上海交遊記」『女性』一九二六年五・六・八月号、『谷崎潤一郎全集』第十巻（中央公論新社、一九八二年）、五六三頁。引用文は新字体、新仮名遣いを使う。以下同。

（4）内山完造に関する紹介は数多く、内山完造『花甲録』（岩波書店、一九六〇年）、上海魯迅記念館ほか編『中日友好の先駆者　魯迅と内山完造写真集』（日中二ヶ国語、上海人民美術出版社、一九九五年）、東京神田にある内山書店ホームページhttp://www.uchiyama-shoten.co.jp/company/history.htmlなどを参照されたい。

（5）田漢と日本人について、前掲した小谷の研究があり、谷崎潤一郎の上海訪問を詳しく検証したのは、西原大輔『谷崎潤一郎とオリエンタリズム――大正日本の中国幻想』（中公叢書、中央公論新社、二〇〇三年）である。ほかに陳齢「郁達夫と金子光晴――郁達夫と日本文人の交流」（『愛知文教大学論叢』第三巻、二〇〇〇年十一月）もあるが、資料がやや不足している。丸山昇『上海物語』（集英社、一九八七年）は中国の文学者と上海との関わりを中心に、戦前までの上海史を様々な人間模様を交えて描き上げた好著であり、日中文化人の交流についても、芥川龍之介・谷崎潤一郎・佐藤春夫・金子光晴を取り上げているが、詳細なものではない。

（6）大正日本における「支那趣味」と日本人の中国旅行については、劉建輝『魔都上海　日本知識人の「近代」体験』（講談社、二〇〇〇年）、西原前掲書などを参照。

（7）陳祖恩「西洋上海と日本人居留民社会」（谷川雄一郎訳）、大里浩秋・孫安石編著『中国における日本租界　重慶・漢口・杭州・上海』（御茶の水書房、二〇〇六年）、二二〇頁。上海日本人居留民に関する研究は近年盛んであり、大里・孫前掲書のほか、日本上海史研究会編『上海――重層するネットワーク』（汲古書院、二〇〇〇年）、高綱博文・陳祖恩編『日本僑民在上海』（上海辞書出版社、二〇〇〇年）、陳祖恩『尋訪東洋人　近代上海的日本居留民（1868―1945）』（上海社会科学出版社、二〇〇七年）、同『上海日僑社会生活史（1868―1945）』（上海辞書出版社、二〇〇九年）などがある。

（8）谷崎潤一郎「上海交遊記」『谷崎潤一郎全集』第十巻、五七八―五七九頁。

（9）同右、五八〇頁。

(10) 谷崎潤一郎「きのうきょう」『文芸春秋』一九四二年六―十一月号、『谷崎潤一郎全集』第十四巻、二〇〇頁。
(11) 谷崎潤一郎と中国文化人との交流については、西原大輔前掲書第六・七章を参照されたい。
(12) 光晴は一九一九年渡欧した時も上海に寄ったが、ほとんど記憶にないという。小論では二六年の上海訪問を初回とする。光晴はしばしばそのとき郭沫若や魯迅と会ったことを述べ、全集の年譜や評伝などにもこのように記され、また初回の訪滬年を二五年としているが、誤りである。郭は二六年三月に広東大学へ赴任し、魯迅の上海定住は翌二七年十月から始まる。
(13) 金子光晴・森三千代『鱶沈む』（有明社、一九二七年、東京大学総合図書館所蔵）。
(14) 田漢の訪日については、小谷一郎・劉平編前掲書が詳しい。
(15) 佐藤春夫自身には南京や杭州についての記述があるものの、上海については書いていない。一行の足取りを示したものに、姪の佐藤智慧子氏日記（抄）（伊藤虎丸・稲葉昭二・鈴木正夫編『郁達夫資料補編』下、東京大学東洋文化研究所附属東洋学文献センター、一九七四年所収）がある。
(16) 小谷一郎「村松梢風と中国」はその経緯について詳しく紹介している。
(17) 「田漢年表」『田漢全集』第二十巻（花山文芸出版社、二〇〇〇年）、五九〇頁参照。
(18) 丸山昇『上海物語』、一三四―一三五頁を参照。
(19) 前掲「田漢年表」『田漢全集』第二十巻、五九〇―五九二頁参照。
(20) 「佐藤智慧子氏日記（抄）」、伊藤虎丸・稲葉昭二・鈴木正夫編前掲書、二〇三頁。
(21) 「佐藤春夫氏宛の郁達夫の書簡」、同右、二〇五頁。
(22) 『魯迅日記Ⅱ』『魯迅全集　一八』（学習研究社、一九八五年）、二〇一頁。南雲智ほか訳。以下魯迅日記の引用は日付を明記し、注を省略する。
(23) 「郁達夫全集」第五巻、日記（浙江文学出版社、二〇〇七年）、二四二―二四三頁。
(24) 本間久雄「上海雑記」『滞欧印象記』（東京堂、一九二九年）、三五三―三五六頁。

(25) 注(12)でも言及したように、金子光晴の三度の上海訪問の時間においては、本人の記憶が曖昧だったゆえ、異なる説がいくつも見られており、従来定かではない。小論での記述は森三千代や関係者の当時の記述も参考にしたものである。

(26) 森三千代「胡弓」『をんな旅』、三一五―三一六頁。なお、森三千代には「魯迅さんの印象」「田漢さんと「南国劇社」」もある（原満三寿氏のご教示による）が、出処は不明である。

(27) 金子光晴「風来人上海回想録　金子光晴さんに聞く」、魯迅友の会会報『魯迅』第六十一号、一九七五年五月、三頁。

(28) 「年譜」『近代日本思想大系　一五』『長谷川如是閑集』、四五〇頁、および『魯迅日記Ⅱ』一九二八年十一月訳注、『魯迅全集　一八』、二二八頁による。

(29) 前田河広一郎「支那の文学者」『悪漢と風景』（改造社、一九二九年）、二四五―二四六頁。ルビを省略する。以下同。

(30) この論争を巡る状況、ならびに論争における魯迅の思想については、丸山昇が『魯迅と革命文学』（紀伊国屋書新書、一九七二年、一九九四年復刻版）で詳しく論じている。巻末には関係する各方面の論説を網羅した「革命文学関係年表」（一九二三―三〇）がある。

(31) 金子光晴「風来人上海回想録　金子光晴さんに聞く」、六頁。

(32) 前田河広一郎前掲書、二四六―二四七頁。

(33) 金子光晴「風来人上海回想録　金子光晴さんに聞く」、四頁。

(34) 森三千代「後記」『東方の詩』（図書研究社、一九三四年）、八三頁。

(35) 前田河広一郎前掲書、二四四頁。

(36) 森三千代『ムヰシュキン公爵と雀』（非売品、上海蘆澤印刷所、一九二九年、国会図書館所蔵）。

(37) 森三千代「後記」『東方の詩』、八三頁。

(38) 福康「日本新発現魯迅致森三千代信」『魯迅研究月刊』一九九一年十月、八頁。

(39) 「新発現的魯迅書簡　魯迅致森三千代（一九三四年三月十七日）」『魯迅研究月刊』一九九一年十一月、裏表紙。

(40) 金子光晴「郁達夫と魯迅」『三界交友録』（新評社、一九七六年）、一七二頁。
(41) 前田河広一郎前掲書、二四七頁。
(42) 白薇と楊騒については、白薇「我投到文学圏里的初衷」、鄭振鐸・傅東華編『我與文学』（生活書店、一九三四年、上海書店、一九八四年復刻本）所収、白舒栄『白薇評伝』（湖南人民出版社、一九八三年）、『厦門文学』二〇〇五年第二期「楊騒専輯」などを参照した。
(43) 羅蘇文著『女性與近代中国社会』（上海人民出版社、一九九六年）、中国女性史研究会編『中国女性の一〇〇年』（青木書店、二〇〇四年）などを参照。
(44) 本間久雄「上海雑記」『滞欧印象記』、三五六頁。
(45) この事件については、沈宗洲・傅勤「黄慧如與陸根栄」『上海旧事』（学苑出版社、二〇〇二年）、一〇五―一二六頁。『申報』一九二八年十二月、『時事新報』一九二九年三月・四月の関係記事を参照。
(46) 森三千代「後記」『東方の詩』、八三―八四頁。
(47) 郁達夫のことと思われるが、その名前は郭沫若、魯迅（本名周樹人）、郁達夫三人を合体して作られたと考えられる。
(48) 森三千代「病薔薇」『桃源』創刊号、一九四六年十月、九四頁。
(49) 同右、九一頁。
(50) 森三千代には未発表の上海日記があり、現在行方不明になっているが、かつての保存者である堀木正路氏の話によると、内容はほとんど詩と旅行記のための習作であり、後の『をんな旅』や『東方の詩』に含まれる作品の下書きと思われる。
(51) 各篇の初出誌は以下である。「春灯」『改造』二八（三）、一九四七年三月・「女の火」『世界文化』三（二）、一九四八年二月・「火あそび」『東北文学』一九四九年三月号・「髑髏杯」『新小説』五（二）、一九五〇年二月・「根なし草」『文学界』四（四）、一九五〇年六月。
(52) 森三千代の上海題材小説については、拙稿「森三千代の上海」『駿河台大学論叢』三四号、二〇〇七年七月、「森三千代の「髑髏杯」から金子光晴の『どくろ杯』へ」『駿河台大学論叢』三六号、二〇〇八年七月を参照されたい。
(53) 陳抱一についての研究はまだ少なく、本論は陳瑞林編『現代美術家陳抱一』(人民美術出版社、一九八八年)および菊地三郎「陳抱一と中国の西画　上・中・下」『桃源』通号十・十一・四(一)、一九四八年九月—四九年一月を参照した。なお陳抱一を含む中国近代の美術家と日本との関係については陸偉栄『中国の近代美術と日本』(大学教育出版、二〇〇七年)が詳しい。
(54) 谷崎潤一郎「上海交遊記」『谷崎潤一郎全集』第十巻、五九八頁。
(55) 陳抱一「洋画運動過程略記」、陳瑞林編前掲書、一〇八頁、拙訳、以下同。
(56) 原満三寿「三都三崎人のそれから」、金子光晴の会「鬼の児通信」三、二〇〇五年五月、二頁。
(57) 陳抱一前掲文、一〇九頁。なお原氏によると、秋田の死は一九三三年五月以降のことであり、陳の記述と一致している。
(58) この頃の『魯迅日記』には、七月一日「昼、秋田義一来る」。九月七日「午前、秋田義一、拓片を返しに来る」。九月二十八日「秋田義一来るが会わず」。十月一日「昼過ぎ、秋田義一来る、油絵の静物画一枚を贈らる、五元を貸す」。十二日「昼過ぎ、秋田義一来る、海嬰のために絵を描いてくれる、十五元を貸す」といった記録が見られる。
(59) 秋田と魯迅との関係については、周国偉『魯迅与日本友人』(上海書店出版社、二〇〇六年)のなかでも紹介されている。一一九—一二〇頁。
(60) 秋田と宇留河の絵は、前掲『中日友好の先駆者　魯迅と内山完造写真集』、四〇—四一頁にも掲載されている。
(61) 森三千代「火あそび」『東北文学』一九四九年三月号、一八頁。
(62) 「金子光晴氏よりの聞き書」、伊藤虎丸ほか編前掲書、二〇六頁。
(63) 「贈金子光晴」と題する郁達夫の詩は以下である。「二十年前此読書、蓬門耆日競停車。渭城誰継何戡唱、雲霧深封帝子居。一九三六年冬　日本」『郁達夫全集』第七巻、詩詞、一五九頁。「三千代先生恵存　郁達夫　東京にて」という郁達夫の手書きの書き込みが残っている『郁達夫評伝』は、筆者が森登子氏(金子夫婦の子息、森乾の妻)宅で偶然発見したものである。

（64）郁達夫の晩年については鈴木正夫『スマトラの郁達夫　太平洋戦争と中国作家』（東方書店、一九九五年）に詳しい。

（65）この点については例えば、劉建輝「金子光晴における「生」と「死」」『国文学解釈と鑑賞』別冊『「生命」で読む二〇世紀日本文芸』一九九六年二月、原満三寿『評伝金子光晴』（北溟社、二〇〇一年）、中村誠『金子光晴〈戦争〉と〈生〉の詩学』（笠間書院、二〇〇九年）などでも論じられている。

（66）森三千代『金子光晴の周辺　四』、『金子光晴全集月報』、六頁。

（67）「郁達夫その他」は一九四七年十月、『コスモス』七号に発表され、後に『日本人について』（春秋社、一九七二年）所収。郁達夫との交友に言及する光晴の文章やインタビューは数多く残っており、前掲の「郁達夫と魯迅」「金子光晴氏よりの聞き書」「風来人上海回想録　金子光晴さんに聞く」のほか、「郁さんのこと」（『新日本文学』一九五〇年六月、原題「郁達夫のこと」、『日本人について』所収）などもある。なお、鈴木正夫前掲書によると、郁達夫を殺害した日本兵は、罪を逃れるために脱走し、行方不明になったという。

（68）森三千代と鈕先銘、また光晴との関係については、拙稿「夫が描いた中国人女性、妻が愛した中国人男性――金子光晴と森三千代」（東大比較文学会『比較文学研究』九一号、二〇〇八年六月）を参照されたい。

（69）佐藤春夫「アジアの子」『日本評論』一九三八年三月。詳細については、丸山昇前掲書、一四〇頁を参照されたい。

［付記］拙稿作成において、金子光晴・森三千代夫妻のご遺族森登子氏、金子光晴研究家である原満三寿氏・堀木正路氏に貴重なお話と資料を提供していただいたことに心から感謝申し上げたい。

谷崎潤一郎『日本に於けるクリップン事件』
――事実と虚構の交錯――

松村昌家

はじめに

『大手前大学比較文化研究叢書』第一輯として『谷崎潤一郎と世紀末』（二〇〇二年）の編集を担当したときに、拙稿「谷崎潤一郎と〈マゾヒズム〉――『グリーブ家のバアバラの話』を中心に――」を書きながら、気づいたことがあった。

トマス・ハーディの『グリーブ家のバアバラの話』を『中央公論』一九二七年十二月号に発表するより先に、谷崎は同じ年一月号の『文藝春秋』に『日本に於けるクリップン事件』を発表し、さらに『犯罪科学』誌一九三一年三月号から六月号にかけて、トマス・ド・クインシーの『芸術の一種として見たる殺人に就いて』の大半を訳出連載しているのだ。一九二七年から一九三一年までの五年間は、谷崎が一つの短編小説と二編の翻訳を通じて、ヴィクトリア朝のイギリスと最も深く関わった時期であったのである。

もちろん谷崎がハーディの短編より先に、オスカー・ワイルドの『ウキンダミーヤ夫人の扇』を翻訳している（一九一九年）ことを忘れてはならないだろう。そしてまた彼がワイルドから少なからず影響を受けていたということも一般に言われているとおりである。

しかし、谷崎とワイルドとのあいだに影響関係があったとしても、それは『The Affair of Two Watches』（一九一〇年）、『刺青』（一九一〇年）、『秘密』（一九一一年）、『饒太郎』（一九一四年）など、比較的初期の作品に限られる。『ウヰンダミーヤ夫人の扇』を翻訳する頃にもなると、谷崎はもはやワイルドの崇拝者ではなくなっていたことを、彼自らが言明しているのである。

> 成る程予も嘗てはワイルドの好きな時代があつた。高等学校に居た頃、サロメやドリアン・グレイを読んだ時には可なり昂奮させられたものであつた。しかし其の後度び度びワイルドの著作に親しみ、その伝記などを繙くに従つて、だんだん厭気がさすやうになつた。（『ウヰンダミーヤ夫人の扇』はしがき）

この「はしがき」によると、『ウヰンダミーヤ夫人の扇』の翻訳も、必ずしも谷崎のワイルド傾倒への産物ではなくて、「近代劇協会主宰上山草人の勧説に従つて出来たもので」あったのである。

谷崎のワイルドからの離脱現象は、必ずしも文学上の縁切りを意味するものではない。谷崎におけるクラフト＝エービングの『変態性欲心理』や、その流れを引くマックス・ノルダウの『変質論』の影響の比重が大きくなった結果のあらわれだったというべきであろう。

『日本に於けるクリツプン事件』は、まさにクラフト＝エービングによって名づけられたマゾヒズムとサディズムをモチーフとして組み立てられた小説であり、その点でハーディの『グリーブ家のバアバラの話』とも密接につながるのである。そして『芸術の一種として見たる殺人に就いて』は、時代がさかのぼるにもかかわらず、ノルダウやクラフト＝エービングを通じて、世紀末作家としてのアイデンティティを確立した谷崎の趣味を完全に満足させる作品だ。

これら谷崎の英国シリーズのうち、私が最初に注目したのは、『芸術の一種として見たる殺人に就いて』だ。紅野敏郎・千葉俊二共著『資料　谷崎潤一郎』（桜風社、一九八〇年）によってこれを読み、『学鐙』第八七巻七～八号（一九九〇年）に、拙文を連載したことがある[1]。

そして冒頭でふれたように、『大手前大学比較文化研究叢書』第一輯に、『グリーブ家のバアバラの話』論を書いた。残りの『日本に於けるクリツプン事件』をここでは取り上げたいのだが、この作品のそもそもの成り立ちを明らかにするために、まずは「クリップン事件」に関するもろもろの事実を、概観しておく必要がある。

一　ドクター・クリップンとその妻コーラ

ポール・ベッグとキース・スキナー共著『スコットランド・ヤード記録簿』（一九九二年）によると、「ホーリー・ハーヴィー・クリップンは、イギリスが生んだ最も有名な殺人犯の一人として、おそらくクリスティや切り裂きジャックと並ぶ人間だ[2]」ということである。

クリスティの名はジョン。ロンドンのノッティング・ヒルのリリントン・プレイス一〇番地のフラットの一階に住み、一九四九年から五三年までのあいだに、少なくとも八人の女性を殺害して、屍体をもてあそんでいたネクロフィリアックな男である。一九五三年にペントンヴィル監獄で、絞首刑に処せられた。「リリントン・プレイス一〇番地」は、その後ルドヴィック・ケネディのノンフィクションや、リチャード・アテンボロ主演の映画でも有名になった。

切り裂きジャックは周知のとおり、一八八八年八月から十一月にかけて、ロンドンのイースト・エンドで六人の売春婦を次々と切り裂いて殺した、謎の殺人鬼である。

近代イギリスの犯罪史にかくも大きく名を刻んだホーリー・ハーヴィー・クリップンは、一八六二年にアメリカのミシガンで生まれた。医学を志し、一八八五年にニューヨークの眼科病院で眼科医の資格を取得、デトロイト、サンディアゴ、ソールト・レーク・シティ、ニューヨーク、セント・ルイス、フィラデルフィア、トロントなどの諸都市での開業歴をもつ。

一八八七年、サンティアゴでシャーロット・ベルという名の女性と結婚、一子を儲けるが、一八九〇年か一八九一年にソールト・レーク・シティで妻と死別、ニューヨークに戻ってから、二年後にコーラ・ターナーと出会った。時にコーラは十七歳、他の男の情婦になっていたが、クリップンは彼女と恋仲になり、結婚してセント・ルイスに移って、ある眼鏡商の顧問医となった。

コーラは美声の持ち主で、グランド・オペラの歌手になることを夢みて、歌を習いはじめた。成果は思ったほど上がらなかったが、それでもクリップンはコーラのために惜しみなく金をつぎこんだ。

一九〇〇年、クリップンは特許医薬品の宣伝事業のマニョン社のマネージャーとして、ロンドンに派遣されることになった。しかし、コーラはニューヨークに留まって、グランド・オペラ歌手の夢を追いつづけたが、程なく断念して、四か月後には夫のいるロンドンに向かって旅立った。ロンドンへ行ってミュージック・ホールの舞台に立つほうが、自分の才能に向いていると思えたからである。

ということでクリップン夫人は、ベル・エルモアという芸名で二十世紀初頭におけるロンドンのミュージック・ホールの歌手となった。当時はミュージック・ホールの女王とうたわれたマリー・ロイドの全盛期で、ベル・エルモアも、マリーに憧れて大スターを目ざしたのかもしれない。しかし、マリーから見ればベルは二流でしかなかったようだ(3)。

それでもクリップンは、高価な衣裳や宝石類で彼女の身を飾るのに、出費を惜しまなかった。そればかりか、ミュージック・ホールの仲間を食事に招くこともしばしばであった上に、妻との共同名義による相当額の預金もあった。

クリップンの勤務先からの給与は、週三ポンド。それでこのような豪勢な生活がどうして成り立つのか、不思議というほかないのだが、実はクリッップンは、不法医薬品の裏取引きで稼いでいたのである。

彼があらゆる手段をつくして、妻の贅沢を許したのは、ほかでもない。彼女が観客の注意をひきつけ、喝采を浴びるのを見る喜びに、自らも共にその雰囲気にひたり、満足を感じたかったからである。

『ホーリー・ハーヴィー・クリッップンの裁判』の編者フィルソン・ヤングは、クリッップンのこの異常な心理を次のように説明している。

　女性に対するクリッップンの態度は、一風変わってる。彼は女たちを支配したがるタイプの男ではない。女たちから支配されるのを喜ぶタイプである。公の面前で妻へのふんだんな贈物を見せびらかせ、彼女のぽっちゃりした小柄な体を飾るために、収入の中から愚かしいほどの多額の金を注ぎこんでいるのは、精神病質の症候のあらわれであり、彼は疑いもなくそのタイプの人間であった(4)。

谷崎の『日本に於けるクリツプン事件』との関連でも重要な問題なので、特に注意を向けておく。

一九〇三年頃からクリッップン夫妻の関係は、次第に険悪の様相を帯びるようになる。一九〇二年十一月からアメリカに一時帰国していたクリッップンは、約半年後にロンドンに戻って、妻の異変に気づきはじめた。その間に彼女はミュージック・ホール仲間のブルース・ミラーという男と不倫関係に陥っていたのである。

図1　ヒルドロップ・クレセント39番地の家
出典：Filson Young, *The Trial of Hawley Harvey Crippen.*

のちに法廷で審問を受けたとき、彼はこの時期の家庭状況を、次のように証言している。

妻はいつもちょっとしたことでも、私を非難しておりました。毎晩のように、何か理由を見つけては、私にくってかかるのです。そんなわけで私たちは、腹を立てたままで互いにベッドに入るのです。

しばらくたっても事態は同じで、妻は私に近づこうとしないので、いったい何があったのかと尋ねました。妻は以前にブルース・ミラーと知り合い、私が留守のあいだに、彼が訪ねてきて、彼女を連れ出したというのです。それから妻は彼のことが大好きになり、私のことなど、眼中にないなどというのです。(5)

その後、一九〇五年に彼らは、ブルームズベリーのストア・ストリートの住居を引き払って、ロンドン北部キャムデン・ロードのヒルドロップ・クレセント三十九番地（図1）に居を移すことになるが、その頃までに、クリップン自身にも変化が生じていた。彼の事務所に勤めるタイピスト──エセル・ル・ニーヴという、おとなしい従順な女の子と愛し合う仲になっていたのである。

二　クリップン事件の全容

クリップンの証言によれば、ヒルドロップ・クレセントへ移った主な理由は、この家には部屋数が多かったからであった。ストア・ストリートの家では、否でも応でも一つベッドを使わざるを得なかったのが、ここでは家内別居が可能になったのである。

もちろんその分だけ家賃も年額五十八ポンド十シリングと、高かった。それを埋め合わせるために、彼らは下宿人を受け入れたが、朝食の支度や靴磨きなど、下宿人たちのためのサーヴィスのすべてをクリップンが担わなければならなかった。

夫とエセル・ル・ニーヴとの関係を知った夫人のわがままは、日増しに露骨になった。彼女は、クリップンを憎んでいたけれども、彼が他の女から愛されていることに対しては、彼女の虚栄心がそれを許さなかった。そして彼女はクリップンと別れることを大っぴらに言い出したのである。

それだけならクリップンも望むところであったのだが、問題は彼女が夫と共同名義の銀行預金六百ポンド全額を一人占めにしようとしていたことであった。それは、エセル・ル・ニーヴとの未来のためにも堪えられないことであった。ル・ニーヴに対するクリップンの情熱が、彼の人生における転機をもたらしたのである。

一九一〇年一月十九日、クリップンはニュー・オックスフォード・ストリートの薬局で、ヒヨスチン五グレインを手に入れた。そして一月三十一日の夜、クリップン夫妻は、もとミュージック・ホールの俳優であったマーティネッティ夫妻を招いて食事をし、真夜中までホイストに興じていて、午前一時半頃に彼らを送り出した。

それを最後に、ベル・エルモアはヒルドロップ・クレセント三十九番地から消えていなくなった。

一九一〇年二月三日、彼女が会計の役職に就いていたミュージック・ホール女性共同組合に、ベル・エルモアからの二通の手紙が届けられた。一通には辞職願が認められ、あとの一通には、身内の者の病気のため、急遽アメリカへ帰国せざるを得なくなったことが、その理由として述べられていた。

手紙を受け取った共同組合の委員は、差出人の署名を見て、その筆跡を怪しんだ。姓の〝Elmore〟が〝Ellmore〟になっているのを見ても差出人が本人でないことは明白であった。それからさらに驚くべきことが起こった。三月二十四日、マーティネッティ夫人のもとに、「昨夕六時ベル死す」の電報が届くのである。これは、クリップンとル・ニーヴが連れ立って、イースターの休日にフランスのディエップへ旅行に出かける途中、ヴィクトリア鉄道駅から送ったものであった。

ほかにもたとえば、ル・ニーヴがコーラのものとはっきり分かる毛皮のコートや宝石類を身につけるなど、疑惑の種になることが数々あった。にもかかわらず、ロンドン警視庁、スコットランド・ヤードが動き出したのは、演劇関係の週刊新聞『エアラ』に彼女の死亡記事が掲載されてから三か月半もたった七月八日になってからであった。

クリップン事件を担当したのは、ウォルター・デュー警部。彼が巡査部長のミッチェルを連れて捜査に乗り出すと、クリップンはいとも簡単に、夫人の死についての虚言を認めた。彼女には以前からブルース・ミラーという情夫がいて、実は彼と駆け落ちをしたのを、世間体をはばかって、造り話をしたと供述したのである。この日、警部と巡査部長は、ヒルドロップ・クレセントの家を隅なく捜索したが、クリップンの供述を疑うに足るような物証は何ひとつ見つからなかった。

一方クリップンは、もはや落ち着いていられなくなった。早速海外への逃亡を企て、エセル・ル・ニーヴに男装をさせてアントワープに渡った。そして七月二十日出港予定のカナダ航路蒸気船モントローズ号に乗りこむ準備を進めていた。

クリップンが逃亡してから二日目の七月十一日、デュー警部は念のために聴取の最後の詰めを固めておこうと思って、クリップンのオフィスを訪れた。彼は退職したとのこと、そして次に訪ねたヒルドロップ・クレセントの家も、もぬけの殻だった。彼に対する疑いを深めたデュー警部は、直ちにクリップンとル・ニーヴの人相書（図2）を配ると同時に、あらためて捜索に取りかかった。

二日目の七月十三日、デュー警部はミッチェルともう一度クリップンの家の地下室へ降りた。そして石炭貯蔵庫の煉瓦の床板を念入りに調べるうちに、いくつかの煉瓦がゆるんでいるのに気がついた。それらを取りはずして、土を掘ってみると、下から人間の屍体らしきものが出てきた。頭部・両手・両脚が切り落とされて、胴体部分だけのもので、男女の性別さえ判断できない状態であった。遺体からは、致死量を超えるヒヨスチンが検出された。

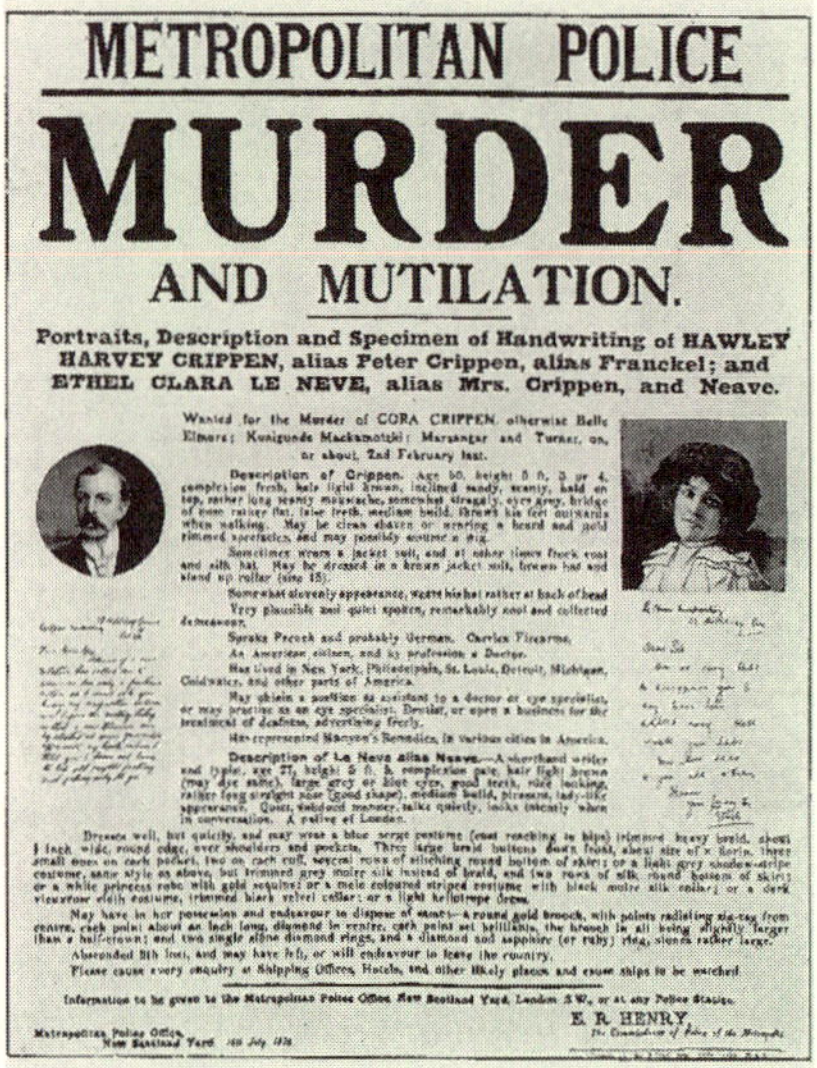

METROPOLITAN POLICE

MURDER

AND MUTILATION.

Portraits, Description and Specimen of Handwriting of HAWLEY HARVEY CRIPPEN, alias Peter Crippen, alias Franckel; and ETHEL CLARA LE NEVE, alias Mrs. Crippen, and Neave.

Wanted for the Murder of CORA CRIPPEN, otherwise Belle Elmore; Kunigunde Mackamotzki; Marsangar and Turner, on, or about, 2nd February last.

Description of Crippen. Age 50, height 5 ft. 3 or 4, complexion fresh, hair light brown, inclined sandy, scanty, bald on top, rather long scanty moustache, somewhat straggly, eyes grey, bridge of nose rather flat, false teeth, medium build, throws his feet outwards when walking. May be clean shaven or wearing a beard and gold rimmed spectacles, and may possibly assume a wig.

Sometimes wears a jacket suit, and at other times frock coat and silk hat. May be dressed in a brown jacket suit, brown hat and stand up collar (size 15).

Somewhat slovenly appearance, wears his hat rather at back of head.

Very plausible and quiet spoken, remarkably cool and collected demeanour.

Speaks French and probably German. Carries Firearms.

An American citizen, and by profession a Doctor.

Has lived in New York, Philadelphia, St. Louis, Detroit, Michigan, Coldwater, and other parts of America.

May obtain a position as assistant to a doctor or eye specialist, or may practise as an eye specialist, Dentist, or open a business for the treatment of deafness, advertising freely.

Has represented Munyon's Remedies, in various cities in America.

Description of Le Neve alias Neave.—A shorthand writer and typist, age 27, height 5 ft. 5, complexion pale, hair light brown (may dye same), large grey or blue eyes, good teeth, nice looking, rather long straight nose (good shape), medium build, pleasant, lady-like appearance. Quiet, subdued manner, talks quietly, looks intently when in conversation. A native of London.

Dresses well, but quietly, and may wear a blue serge costume (coat reaching to hips) trimmed heavy braid, about ½ inch wide, round edge, over shoulders and pockets. Three large braid buttons down front, about size of a florin, three small ones on each pocket, two on each cuff, several rows of stitching round bottom of skirt; or a light grey shadow-stripe costume, same style as above, but trimmed grey moire silk instead of braid, and two rows of silk round bottom of skirt; or a white princess robe with gold sequins; or a mole coloured striped costume with black moire silk collar; or a dark vicuna cloth costume, trimmed black velvet collar; or a light heliotrope dress.

May have in her possession and endeavour to dispose of same—a round gold brooch, with points radiating zig-zag from centre, each point about an inch long, diamond in centre, each point set brilliants, the brooch in all being slightly larger than a half-crown; and two single stone diamond rings, and a diamond and sapphire (or ruby) ring, stones rather large.

Absconded 9th inst., and may have left, or will endeavour to leave the country.

Please cause every enquiry at Shipping Offices, Hotels, and other likely places and cause ships to be watched.

Information to be given to the Metropolitan Police Office, New Scotland Yard, London, S.W., or at any Police Station.

E. R. HENRY,

Metropolitan Police Office,
New Scotland Yard

図2　クリップンとニーヴの人相書
出典：Filson Young, *The Trial of Hawley Harvey Crippen.*

検視が終わってから七月十六日に、クリップンとル・ニーヴの逮捕状が出されたが、彼らはもはや国内から姿を消していた。

しかし、先に七月十一日にデュー警部によって配布されていたクリップン、ル・ニーヴの人相書は、モントローズの船長のところにも届いていた。この事件に関しては、大衆新聞『デイリー・メール』が百ポンドの懸賞金付きで、犯人に関する情報提供を求めていたことも、つけ加えておこう。

七月二十日にモントローズ号がアントワープを出港して二日もたたないうちに、ケンダル船長は、ミスター・ジョン・ロビンソンと、その息子として乗船している二人組が、クリッブンとル・ニーヴであるという確証をつかんだ。そこで彼はイングランドにある船会社に向けて詳細を記した長文の無線電信を発した。それによると、「ミスター・ジョン・ロビンソンとその息子」は、ブラッセルで渡船手続きをし、アントワープで乗船した。

二人は、「イングランドから」大陸に渡って買った小さなハンドバッグのほかには、何も手荷物をもっていなかった。デッキでボートの傍にいる彼らを見たとき、怪しいと思った。ル・ニーヴがクリップンの手をあまりにもきつく握っていて、男同士にしては、どうも不自然であった。そこで私は、この二人に違いないと思ったのである。(6)

それからケンダル船長は、ロビンソンがクリップンであること、その息子が男装のル・ニーヴであることについての証拠固めをした上で、無線電信の発信となったのである。

ロンドンにマルコーニの無線電信会社が設立されたのは、一八九七年。その実用化の初段階で無線電信は、初めて犯人逮捕の科学的手法として役立ったのである。

七月二十三日、ウォルター・デュー警部とミッチェル巡査部長が、リヴァプールから蒸気船ロレンティス号に乗って出動、モントローズ号が太平洋を渡ってケベックに近づき、セント・ロレンス川の水先案内基地にさしかかったときに、これに追いつき、クリップンとル・ニーヴは逮捕された。そしてケベックで逃亡犯人引渡し手続きをすませて、彼らはロンドンに連行され、裁判にかけられることになったのである。

一九一〇年十月二十一日、クリップンはオールド・ベイリー（ロンドン中央刑事裁判所）で死刑の宣告を受け、二十三日にペントンヴィル監獄で絞首刑に処せられた。

この結末には、『スコットランド・ヤードの記録簿』の著者たちさえ、釈然としないものを感じている。特にあの夜、クリップンが妻を殺害するに至った動機が、解明されずに謎として残っていたからである。クリップンは最後の最後まで無罪を主張しつづけた。それに、一九一〇年十一月五日、クリップンの上告が却下された日に、海外逃亡の逮捕で脚光を浴びていたデュー警部が、理由不明の辞表を提出したのも、不可解なことであった。

そんななかで、当時のイギリスの法曹界で最も有能な法廷弁護士と目されていた、サー・エドワード・マーシャル・ホール（一八五八―一九二七）が、独自のセオリを打出しているのは、興味深い。それによれば、クリップンは一見コーラと別居状態であったが、事実はそうではなかった。


クリップン夫人は、異常な性欲亢進症にかかっていて、それが激しいために、ひたすら情婦のル・ニーヴにだけ熱心であった夫は、両方にかかりきれなくなった。小柄で弱い体質だったのと寄る年波とで、コーラに応じられなくなっていたのである。そこで彼は、この苦状を打開すべく、薬種商を訪ねたのである。かつての精神病院での経験から、彼はヒヨスチンがときどき激烈な色情症の抑制剤として用いられるのを知っていた。そこで彼は、妻をおとなしくさせるために、この薬の服用を思いついたのである。しかし彼は、薬の効能は知っていたが、服用量については無知であった。それで何も知らないままに、薬種商へ行って五グレインを買い求め、それを一ペンにコーヒに入れて妻に飲ませてしまった。（中略）というわけで、妻が死んだことを知ったときに、すぐさま警察に駆けつけて、その恐るべき過ちを話したなら、彼は刑罰を受けずに、むしろ同情されたかもしれないのである。(7)

三　クリップン事件―事実から虚構へ

以上私は、主としてフィルソン・ヤング編『ホーリー・ハーヴィー・クリップンの裁判』に即して、イギリスにおけるクリップン事件の全容を述べてきた。谷崎の『日本におけるクリップン事件』が基本的には、一九一〇年にロンドンで現実に起こった事件に基づいて書かれたものであることを証明するのには、これで十分であろう。

先に言ったように、クリップンがジョン・クリスティや切り裂きジャックと並べ称せられたり、あるいは事件そのものが「クリム・パシヨネル」（情痴犯罪）であったこと、そしてデュー警部の太平洋横断の犯人追跡と逮捕のドラマなどで、この事件はとりわけ話題性に富んでいた。

クリップン事件は、『デイリー・テレグラフ』はじめ、多くのジャーナリズムのページを賑わしたが、一九二〇年にフィルソン・ヤング編『ホーリー・ハーヴィー・クリップンの裁判』が刊行された。『イギリス名裁判実録叢書』(8)の一書として編集されたものである。これに添えられた長文のイントロダクションは、殊のほか興味深く、示唆に富んでおり、谷崎の『日本に於けるクリップン事件』の導入部にすえられたクリップン事件のあらましはこれに基づいて成り立っていると言って、過言ではない。

しかし、谷崎には独自の決定的な踏みこみがある。それは、彼がクリップンを典型的なマゾヒストと見なし、クリップン事件を、マゾヒストの殺人事件として特徴づけていることだ。

クリップンが、女を支配するよりも、女に支配されるのを好み、妻の贅沢や虚栄心を満たすのに喜んで奉仕するといった「精神病的なタイプ」の男であったことを思えば、このような類推がなされるのは、不思議ではない。しかし、『クリップン裁判』記録には、マゾヒストの語は一度も出てこない。そして谷崎がその類推のよりどころとしている、クラフト・エービングの『変態性欲心理』にも、マゾヒストの殺人症例は、見当たらない。その意味で『日本に於けるクリップン事件』の冒頭の一文は、注目に値する。

> クラフト・エビング《ママ》に依って「マゾヒスト」と名づけられた一種の変態性欲者は、云ふ迄もなく異性に虐待されることに快感を覚える人々である。従ってさう云ふ男は、（中略）女に殺されることを望まうとも、女を殺すことはなさうに思へる。しかしながら、一見奇異ではあるけれども、マゾヒストにして彼の細君又は情婦を、殺した実例がないことはない。たとへば英国に於いて一千九百十年二月一日に、マゾヒストの夫ホーレー《ママ》・ハーヴィー・クリツプンは、彼が渇仰の的であったところの、女優で彼の妻君であるコーラを殺した。[9]

これはつまり小説家谷崎が、クリップンをマゾヒストだと認識することによって、マゾヒストによる妻殺しの実例を発見したことを意味しているのだと考えてよいのである。そのような新事実の発見に基づいて、虚構『日本に於けるクリップン事件』は書かれたのである。

四　マゾヒストの妻殺し

『日本に於けるクリップン事件』は、まさに「マゾヒストの妻殺し」という副題をつけたくなるような小説だ。阪急沿線の高級住宅地として知られる芦屋が発展する前の「大正十三［一九二四］年、三月二十日午前二時頃（中略）、芦屋川の停車場から五六丁東北にあるBと云ふ農家の主人は、隣家の小栗由次郎方と覚しき方角から、番犬の呻るらしい響と、人の叫ぶやうな声とを聞いた」。

小栗は大阪船場にある綿花会社の社員で、三十五、六歳。その妻は二十歳前後にしか見えない美人だが、一風変わったスタイルで毎日午頃になると犬を連れて散歩に出かけ、午後二時頃になると、「ハイカラな、キビキビとした洋服を着、鞭のやうな細いステッキを振りながら何処かへ出かけて行った」。ということで彼女は村人たちの注視の対象になっていたのだが、彼女は実は尾形巴里子という芸名で、大阪の千日前や神戸の新開地へ出演する歌劇女優であった。クリップン夫人コーラが、ベル・エルモアという芸名でミュージック・ホールに出演していたのに対応する。

事件はこの小栗夫妻が芦屋村に引越してから、約二か月後に起きた。

小栗の家から東北のほうにある小山から切り出す石を、馬車に積んで魚崎の海岸へ運んでいた馬方が、朝五時頃に同家の前へさしかかったときに、「助けてくれエ！」という叫び声を聞いて立ち止まった。

このような異変は、三日にあけず起こることなので、B家の主人にとっては、さほど驚くことでもなかった。しかしそれを初めて経験した「第二の男」は、台所のガラス障子を破って中に入り、声のする部屋へ向かって階段を駆け上がった。そして部屋へ入ろうとすると、「中からいきなり狼のやうな巨大な犬が『ウー』と呻って飛

び着いて来た」。（三九）

次の瞬間に室内を見廻した馬方は、寝台の上に、一人の男が赤裸にされ、鎖を以て両手と両足を縛られてゐるのを認めた。彼は体ぢゆうを滅多矢鱈《やたら》に打たれたものらしく、ところ〴〵にみみず腫れが出来、血が流れてゐた。疑ひもなく助けを求めたのは此の男で、さうして又、たつた今犬を叱ったのも此の男に違ひなかった。が、それよりもなお悲惨なのは、寝台の脚下に仰向けになって倒れてゐる、一人の若い断髪の女の屍骸であった。女は派手な刺繍のあるパジャマを着て、（中略）右の手に革の鞭を持ったまゝ、むごたらしく頸部を抉られ、傷口から流れる血の海の中に死んでゐた。（同前）

その後警官と警察医の臨検によって、この悲惨な出来事の〈真相〉が明らかになる。が、それを詳しく述べる必要はないだろう。しかし、巴里子の頸部に咬みついて彼女を食い殺した犬については、注意を向けておく必要がある。

先にも述べたように、巴里子は散歩に出るときの装飾として、犬をつれていた。彼女は小栗と同棲しはじめてから、土佐犬と狼との混血犬を買ったが、それはディステンパーにかかって死んだ。次はグレート・デンを飼って散歩の伴にしていたが、その色合や体つきが彼女の皮膚や服装と調和しないというので、犬屋へ売ってしまった。

そして次は、上海からジャーマン・ウルフ・ドッグを取り寄せることになる。「体量十三四貫」―五十キロを超える猛犬だ。

この狼犬が到着する前に、巴里子は歌劇団に加わって半月ばかり九州へ巡業に出かけていた。彼女がその巡業から帰ってきたのは、事件の前日の午後のことで、彼女と犬とはなじむ間がなかったのである。

先に見たように、小栗の家の二階の間で惨劇は起こった。警察の調べによると、それは八畳の和室で、畳の上に鉄製のダブルベッドが据えてあった。「そこが夫婦の寝室―と云ふよりも巴里子が夜な夜な彼女の哀れな奴隷の上に、有らゆる拷問と体罰を科する仕置場であった」。(42)

犬は階下の一室に押し込められてあったのだが、主人の悲鳴を聞くと鎖を切って二階の間へと駆け上がった。そして巴里子を主人を虐げる悪魔と見て、彼女に跳びかかったのである。

その日の夕刊に「犬に食い殺された女」、「歌劇女優犬に殺さる」、「夫は変態性欲者」などの記事が出て、世間を驚かせたが、諺にいうように、その驚異も九日で納まった。

しかし小栗の供述には、気になる、というよりも憶えておかねばならないことが含まれている。巴里子の「留守中にそれ［犬］を自宅へ引き取って以来、毎日毎夜馴らす練習を続けてゐた」という部分である。一見小栗の妻への思いやりとも受けとれる陳述だが、後知恵がついてから読み返してみると、それにはきわめて重大な意味が隠されていたのである。

一九二四年八月十五日の朝、相州鎌倉扇ヶ谷某氏所有地の雑草の中で「人形を入れた不思議な行李」が発見された。

その人形は素人の手になる拙い作りで、「案山子に近いものであったが、顔だけは念入りに出来てをり、断髪の鬘を冠つてゐた。（中略）その人形にはなまめかしい香水とお白粉の匂いが沁み込ませて」あった。(43)

この人形はいうまでもなく、巴里子をかたどったものであったのだが、最も注目すべきは、次の点である。

人形の頸部に、何等かの凶器で深く喉笛を抉つたらしい傷痕があつた。而も一度でなく、抉つては又その穴を直し直しして、幾度もそれを繰り返したものに違いなかつた。警官が更に綿密に調べるに及んで、ほんの刺身の一と切れぐらゐな、乾燥した肉の塊が傷痕に附着してゐた。試験の結果、それは牛肉であることが分かつた。（43）

小栗は巴里子の人形をつくり、その首に肉塊をくくりつけて、彼女が巡業から戻るまでの半月間猛犬を彼女に「馴らす練習を」毎晩つづけていたのである。

犯罪が発覚した当時、小栗は大阪のカフェ・ナポリの踊り子と同棲していた。ということで谷崎は「日本のクリップンにもエセル・ル・ネーヴ《（ママ）》があつたのである」と結んでいるが、日本のクリップンの妻殺しの手法は、ホーリー・ハーヴィー・クリップンのコーラ殺害とは、全くつながりのないものであった。

では、それは果たして谷崎独自の発明であったのだろうか。いやそうではないのだ。小栗の巴里子殺しのテクニックは、どうみてもモーパッサンの短編『ヴェンデッタ』にあるものを、取り入れているのに違いないのである。

五　猛犬馴らしの発想

ギ・ド・モーパッサン（一八五〇―一八九三）の『ヴェンデッタ』（*Une Vendetta*）は、一八八三年十月十四日付『ル・ゴーロワ』（*Le Gaulois*）紙に発表され、二年後一八八五年に彼の短編集『昼夜物語』に収められた。

「ヴェンデッタ」は復讐を意味する英仏独などヨーロッパ諸国の共通語となっているが、もとはイタリア語で、

「血讐」――すなわち殺害された個人に代わってその血縁者が加害者に復讐することを表す語であった。『オックスフォード英語辞典』によれば、「ヴェンデッタ」は、コルシカとイタリアの一部地域の住民のあいだで習慣として受け継がれていた、ということである。

モーパッサンの『ヴェンデッタ』は、まさにコルシカのボニファチオの町と、その対岸のイタリア領サルディニア島を舞台として展開される一編の血讐のドラマである。

ボニファチオの塁壁に立つ貧しい家に老母と二人きりで暮らしていたアントワヌ・サヴェリーニが、ある晩ニコラス・ラヴォラーティとの喧嘩で刺し殺された。悲嘆にくれた母親は復讐を誓うが、死んだアントワヌには「兄弟も従兄弟もいない。血讐をやり遂げてくれるものは一人もいない。たった一人で、母親は考えつづけた。――老いた女の身で」。

その家には、アントワヌになついていたセミヤントという名の猟犬がいた。ある晩、この犬が激しく吠えはじめるのを聞いていたときに、サヴェリーニ未亡人の頭に「妙案」が浮かんだ。すなわち犬に血讐の役割を果たしてもらう、ということであった。

彼女はまず、庭先に古い樽をしっかり固定させて、その犬小屋にセミアントを鎖でつないだ。犬が終日終夜吠えつづけたが、飼主は翌朝になっても少量の水を与えるだけで、スープやパンはいっさい食べさせなかった。

そういう状態で日がたつにつれて、犬は次第に狂暴になりはじめた。五日目の早朝に母親サヴェリーニは、近所の家を訪ねて、数束の藁をもらってきた。そして何着かの夫の古着を取り出し、中に藁をつめて、案山子をつくった。彼女は犬小屋の前に一本の棒を立て、その人形をこれに縛りつけた。そしてリンネルを束ねて頭部を取りつけると、ちょうど人間が立っているような格好になった。

それから老女は肉屋に行って何本かの長い腸詰めを買ってきて、犬小屋の近くに火を燃やし、その肉を焼きはじめた。すると「セミアントは口を泡だらけにして、狂乱状態で跳んだりはねたりしながら、料理されるご馳走に跳びかかろうと躍起になった。そのおいしい匂で、気が変になってしまったのである」。

彼女は湯気のたつこの腸詰めを、まるでネクタイのように藁人形の首に巻きつけた。そして、犬の鎖を離した。


その獣は恐ろしい一足跳びで、人形の首にかぶりついた。そして前足でその肩を抑えて、それをばらばらに引き裂きはじめた。犬は一切れの肉をくわえていったん地面に降り立ったかと思うと、再び首に飛びついて細ひものあいだに歯を埋めて、いくつかの肉片をちぎって降り立ち、また猛然と跳びかかるのであった。


以上でモーパッサンの『ヴェンデッタ』における「血讐」の手段が、小栗由次郎の巴里子殺しの手本になったことを立証するには十分であろう。しかし折角の機会だから、『ヴェンデッタ』のその後の成り行きを要約しておくことにしよう。

それから三か月間、サヴェリーニ未亡人は、同じ訓練をくり返すことによって、凶暴な行為がご馳走にありつく手段になることを、犬に憶えこませた。そして人形の首に肉を巻きつけなくても、合図一つでそれをずたずたに食いちぎるように教え、褒美として腸詰めを与えた。

それから彼女はおいしい匂いのする腸詰めを入れた布袋をさげ、二日間飢えさせたセミアントをつれてサルディニアに渡り、ニコラス・ラヴォラーティの仕事場を探し当てた。そして犬に命じた。

「さあ！　奴を引き裂くんだ！」

狂った犬は、餌食めがけて跳びかかり、彼の喉にかぶりついた。（中略）彼はしばらくのあいだ、手脚をばたつかせながら、床の上でのたうち回っていたが、やがてぐったりとなった。その間じゅうセミアントは、彼の喉笛のあたりを手当たりしだい噛みちぎりつづけた。

年老いた母親が、殺された息子のために考え出した仇討ちの方法を、谷崎は『日本に於けるクリップン事件』という全く異なった文脈の中で再生したのである。唯一の違いは、『ヴェンデッタ』の犬が、さほど大きな特徴をもたない牝犬であったのに対して、『日本に於けるクリップン事件』では、重さが五十数キロもあるウルフドッグに変わっていることだ。

このような『ヴェンデッタ』の手法の適用により、谷崎がマゾヒストの妻殺しの犯罪を、疑う余地のないものとして、決定づけているのも、注目すべき点であろう。

クリップン事件には、先にも述べたように、曖昧な点がいくつか残されていた。最大の問題は、コーラ殺害について、クリップンの自白は遂に得られなかったことだ。死体から切断された首や手足の行方については、谷崎の作品でも指摘されているように、クリップンとル・ニーヴがディエップへ旅行したときに、海中に捨てたという推測以外になかった。法廷では彼は、長い反対尋問を通じて冷静沈着であったばかりか、妻の死体から採取された皮膚が証拠資料として提示されたときも、全く動揺の色を見せなかった。「それらがまるで博物館の標本であるかのように、彼は知的好奇心をもって見入っていた」ということである。そして、死刑を宣告される間際になっても彼は、「それでも私は断じて無罪です」（I still protest my innocence.）という言葉を言い遺しているのである。(10)

裁判から処刑に至るまでのあいだ、クリップンと接触をもった人たちは、例外なく彼に親しみを感じ、敬意を示し、愛情さえ抱いていた。クリップンとは、いったいどういう性格の持ち主だったのか。それ自体として興味がありそうだが、ここで問題なのは、谷崎が例の案山子のような人形という小道具を用いることにより、クリップンの妻殺しにまつわるあらゆる曖昧性を払拭しているということだ。

小栗由次郎は、その人形を詰めた行李を自宅の床下に隠している限り、巴里子の死体の恐怖から免れることができなかった。彼はまた、その人形を解体して処分してしまうにも、もう一度巴里子殺しの胆力を要した。言い換えれば、彼は妻を殺した上で、死体をばらばらにして一部分を床下に埋めることもできなければ、切断した両手両脚を海中に捨てることもできなかったという意味において、「日本に於けるクリツプン」としての特質を付与されているのである。

おわりに

『日本に於けるクリツプン事件』発表の翌月（一九二七年二月）から谷崎は『改造』誌上に『饒舌録』の連載（十二月まで）に取りかかった。その中で彼は、この作品と関連して、二つの注目すべきことを述べている。

一つは、モーパッサンに関すること。当時における日本の青年が、「恐るべき悪文の翻訳に依って」外国文学を読み漁っていることを述べる中で、谷崎はこのようなことを回想しているのである。「私も少しばかり佛蘭西語を稽古した時分に、原文のモウパツサンを読み、今まで翻訳で読んでゐたモウパツサンと大変な相違なのに驚かされたことがあつた」(11)。谷崎は同じく『饒舌録』の中で、英訳で読んだスタンダールの『パルムの僧院』や『カストロの尼』、『ツェンチ一族』などを論じ、かつ一九二八年には『カストロの尼』の部分的翻訳を試みていることからも、彼のフランス文学への傾倒ぶりが察せられるが、特にモーパッサンを原文で読んだことを表明しているのは、注目に値する。

谷崎は一九〇五年に第一高等中学校（第一高等学校）英法科に入り、一九〇七年に、文学で身を立てる決意を固めて、英文科に転入した。そこで注意すべきことは、一九〇〇年に高等学校大学予科規程の改正に伴い、外国語教育が強化されたということである。その結果、第一学年と第二学年では、英語とフランス語、ドイツ語がそれぞれ一週九時間、第三学年では、それぞれ八時間の授業が行われるようになった[12]。

先に引用した回想記の中の「少しばかり仏蘭西語を稽古した時分」というのは、この時代のことを言っているのだと考えてよいだろう。フランス語の授業におけるモーパッサンの作品の講読といえば、まずは短編であろう。谷崎は英訳や日本語訳（たとえば、一九二一―二二年の天佑社刊『モーパッサン全集』第十二巻に平野威馬雄訳『復讐』が含まれていた）はもちろんのこと、原文でも『ヴェンデッタ』を読んだ可能性がきわめて高いことが想定されるのである。

そして二つ目は、『饒舌録』の中で谷崎自らが『日本におけるクリツプン事件』に関して、次のような弁明を行っているということである。

> 私は昔から単なる思ひつきで創作したことはない積りである。（中略）たとへば今度の「クリツプン事件」のやうなものでも、その構想は自分の内から湧き出したもので、借り物や一時の思ひつきではない。それがさう読んで貰へないのは自分の至らぬせゐであるが、以上のことは私は自信を以て云へる[13]。（傍点原文）

この文章は、谷崎と芥川竜之介との間で行われた小説論争の一環をなしている点で興味深い。『日本におけるクリップン事件』が発表された翌月、つまり『改造』誌上に『饒舌録』の連載がはじまったのと同じ一九二七年二月号の『新潮』の合評会で、芥川竜之介は谷崎の作風を批判した。

小説の構造、あるいは筋の面白さを重視する谷崎に対して、芥川は「『話』らしい話のない小説」こそ「最も詩に近い小説である」—言い換えれば、「筋の面白さに芸術的価値はない」という論法で批判の矢を向けたのである。それに対する反論として書かれた『饒舌録』第二回目の記事に、谷崎のこの弁明は含まれているのである。それを受けて芥川は、同じ『改造』の四月号から八月号（七月は休み）まで「文芸的な、余りに文芸的な—併せて谷崎潤一郎氏に答ふ」を連載、両者のあいだで、「筋の面白さ」をめぐる論争が展開されたのである。

谷崎自らが言うように、芥川の批判の中には、単にストーリーの問題だけでなく、谷崎が「変な材料を択び過ぎる」とか、「奇抜な種を見付け」て「徒らに荒唐奇怪な物語を作つて、独りで嬉しがつてゐる」という含みがあったのかもしれない。

しかし、仮にそうだとしても、「私は昔から単なる思ひつきで創作したことはない積りである」と断言しつつ、谷崎は最近作の『日本に於けるクリップン事件』を引き合いに出しているのである。

この作品が特異なのは、単に事実を虚構化したのではなくて、クリップン事件という事実と、『ヴェンデッタ』という虚構世界の出来事とを綯い交ぜることによって、独自の作品を創り出していることである。この意表に出た構造上の面白さについて、谷崎はおそらく自負をもっていたことであろう。

『日本に於けるクリップン事件』は「当時の谷崎にとっては、新しい技法的実験を試みた、かなりの野心作であった」と同時に、「痴人の愛から『春琴抄』への橋渡しとなる重要な一里塚」をなしたという細江光氏の評価は[14]、まさに的確にこの作品を位置づけているのである。

（1）拙著『ヴィクトリア朝文学と絵画』（世界思想社、一九九三年）第Ⅱ部第4章として収録。
（2）Paul Begg and Keith Skinner, *The Scotland Yard Files: 150 Years of C. I. D. 1842-1992*, London: Headline, 1993, p. 167.
（3）Richard Anthony Baker, *Marie Lloyd, Queen of the Music-Hall*, London: Robert Hale, p. 107.
（4）Filson Young ed., *The Trial of Hawley Harvey Crippen*, London: William Hodge & Company, 1920, p. xvi.
（5）ibid., p. 87.
（6）ibid., p. xxx.
（7）ibid., p. 183. Begg and Skinner, op.cit., p. 169.
（8）James H. Hodgeを編集主幹として一九〇五年から刊行されはじめた*Notable British Trials Series*.古くは一五八六年のスコットランド女王メアリーから、一九四八年のジェイムズ・キャムに至るまで七十数件の名裁判実録が含まれている。その後さらに増えて、一九五九年には八十五巻に達した。
（9）『谷崎潤一郎全集』第十一巻（中央公論社、一九八二年）、三二一頁。以下本文中（　）内に頁数を記す。
（10）Filson Young, op. cit., p. 183.
（11）『谷崎潤一郎全集』第二十巻、一九五頁。
（12）大島真木「谷崎純一郎の翻訳論」、亀井俊介編『近代日本の翻訳文化』（中央公論社、一九九四年）、三六七頁。
（13）『谷崎潤一郎全集』第二十巻、七七—七八頁。
（14）細江光『谷崎潤一郎深層のレトリック』（和泉書院、二〇〇四年）、六一九頁。

一九二〇年代韓・日文学交流の一様相

―金東仁と廉想燮を中心に―

金　春美

はじめに

韓国近代文学は日本への留学生たちによって開始され、発展し、確立したと言っていいだろう。日本留学生という存在は少なくとも一九一〇年、一九二〇年代の韓国では、多くの屈曲と陰影を負うしかない存在だった。一九二〇年代の日本という存在を排除して本格的な韓国近代文学の成立を論ずることができないという事実に直面するとき、我々は植民地時代の留学生たちの苦しみに満ちた自家撞着、主体性の混乱を想起せざるを得ないのである。本格的な韓国近代文学が一九一九年、金東仁《キムドンイン》によって創刊された『創造』誌と一九二〇年、廉想燮《ヨムサンソプ》によって創刊された『廃墟』誌から口火を切られたという事実を考えてみれば、一九二〇年代の韓日文学交流史の考察の重要性が見えてくる。本格的な韓国近代文学が一九一九年に開始されたということは、韓国文学が一九一〇年の国権喪失後に始まったということであり、これはすなわち、一九二〇年代の日本という国を排除しては、植民地朝鮮文学の性格を把握することさえできないということを意味する。同時に彼ら青少年期の日本留学生によって牽引された韓国近代文学の志向が、一九四五年の解放以後、今もなお韓国文学の志向を規定している側面があるなど、考察すべき多くの問題を内包している。

韓国近代史の性格を振り返ってみる時、我々は三つの知識階級の性向を関連させて考えねばならない。

(1)　上海臨時政府に代表される外交路線
(2)　満州と華北を中心とする武装抗日路線
(3)　国内の内在的生の伝統的路線

等々である。

この中で(3)はさらに(a)日本留学生出身階層、(b)満州、中国で学習したか、それと類似した系譜に属する階層、(c)アメリカ、ヨーロッパ等の西洋留学生階層、(d)国内の儒教的階層出身知識人、に分けて考えることができる。(1)

この中で近代文学との関連を考えるならば、(a)の日本留学生が圧倒的な意味を持つ存在として台頭する。彼らの中には、李人植《イインジク》（一八六二～一九一六、一九〇〇年　東京政治学校）、崔南善《チェナムソン》（一八九〇～一九五七、一九〇四年　三ヶ月間　東京府立第一中学校／一九〇六年　早稲田大学高師部地理歴史学科）、李光洙《イグァンス》（一八九二～?、一九〇五年渡日　一九〇七年　明治学院中等部／一九一七～一九一九年　早稲田大学文学部哲学科）、廉想燮（一八九七～一九六三、一九一一年渡日、麻布中学　一九一七年　京都府立第二中学編入／一九一七～一九一九年　慶応大学史学科）、朱耀翰《チュヨハン》（一九〇二～一九七二、一九一八～一九一九年　青山大学文学部と神学部の両方修了）、田栄澤《ジョンヨンテク》（一八九四～一九六八、一九一二年青山学院中学　四年編入／一九一五～一九一八年　同志社大学）、呉相淳《オサンスン》（一八九四～一九六三、一九一二～一九一八年　同志社大学）、金億《キムオック》（一八九三～?、拉北、慶応大学文科中退）等、韓国近代文学の舞台を開き、成熟させ、確立させた人物たちが綺羅星の如く並んでいる。

言葉を変えて言えば、一九一〇年の韓日併合の後に始まった韓国近代文学というものは、日本近代文学の植民地的自画像であり、デフォルメだったと言え、そのためその存在の意味すら否定されて来た面がある、ということなのである。

本稿は、一九二〇年代の韓日文学交流を、金東仁と廉想燮を中心に考察することを目的とする。その場合、金東仁と廉想燮が苦悶しなければならなかった植民地という特殊な状況下での生という条件、日帝支配下の文学活動という歴史的な事実は、彼らが文学に目覚めた時期と場所が日本であったという事実とともに、究明されねばならない部分が多いと言える。彼らがそのような外的要件に対して見せた反応がどのようなものであり、その反応の内的動因は、どのようなものなのか？彼らの文学が持つ意味が何であり、限界は何であるのか？このような問いに答えるために本稿は本格的な近代文学の幕を開けた金東仁と廉想燮の文学世界を、彼らが代表していた純文学同人雑誌、『創造』ならびに『廃墟』の意味とともに検討することで、一九二〇年代韓日近代文学交流の様相を確認していこうとするものである。

一九二〇年代の韓国小説の成果は、金東仁文学の水準から評価することができ、その文学史的意味は決して軽視できないという李康彦の指摘は[2]、金東仁の文学業績の重要性を物語っている。金東仁が近代文学史において占める重要性のゆえに、これまで多くの研究がなされて来たが、これらは皆金東仁文学の文学史的意味とその功績を強調している。これを項目別に整理すれば、以下のようになる。

1．純粋文芸雑誌『創造』を通じた功績。『創造』は崔南善や李光洙の啓蒙主義的文学路線に反旗をひるがえし、教訓的文学観を排撃した同人誌である。金東仁の功績は、『創造』を発刊して文学の専門化あるいは純粋化を開拓した点にある。

2. 本格的な近代リアリズム小説を定着させた点。一例として、卑賤な身分の人生の被害者である弱者を主人公に設定したことは、李光洙の小説の主人公たちが、非凡な能力の所有者で成功した人生を享受することと対照的である。すなわち、金東仁の文学は、一九二〇年代初頭の植民地韓国の生活をより現実味をもって反映しようとしている点である。

3. 短編小説というジャンルを確立させた点。韓国文学史の創成期に記憶されるべき作品、『ベタラギ』『明文』『じゃがいも』『狂画師』などは全て短編である。

4. 小説の文章という面で成し遂げた功績。彼の小説文体は時間概念が明確である。過去や現在の区分が明瞭である。また、対話部分で、土俗的な方言を駆使して臨場感を生き生きと出している。不完全だった口語体を完全な口語体へと移行させたことも、その功績に数えられる。金東仁の文章に現れるこのような特徴は、彼以前の時代には求めることができなかったものであり、小説史的な観点から見て進歩的な意味を持っている。

5. 「春園（李光洙）研究」という作家論を発表し、「韓国近代小説考」を著述するなど、評論活動を展開した点。

6. 比較文学的な観点から見るとき、金東仁は日本語を通じて西欧文学に接し、日本文壇の潮流を身をもって体験して西欧文学あるいは日本文学の影響を受けており、これを創作を通じて韓国文学に反映させた点である。(3)

ここで6. の受信者としての金東仁の比較文学的な考察には、多くの難しい問題がつきまとう。傲慢な金東仁は受信者としての自身を明確に拒否しているためである。

唯我独尊の思想を……頭に深く刻印され、日本文学なんぞは頭から馬鹿にし、ビクトル・ユゴーまでも通俗作家だと軽蔑したくらいだ。

（「文壇三十年の回顧」『全集』第八巻）

受けた感銘を標準に話せというのなら、ウォッツ・ダントンの『エルウィンの物語』を挙げたい。私にはダントンの作風なり筆致はまねることも出来ないし、真似しようとも思わなかった。ダントンにはダントンの道があり、私には私の道があるんだから。

（「ダントンの『エルウィンの物語』」『全集』第十巻）

レオ・トルストイこそは、私の敬慕してやまない作家だった。『戦争と平和』なり『アンナ・カレーニナ』等に現れた彼の鬼神も泣かせるような絶妙な事実描写だけではなく、全トルストイを敬慕していたのだった。彼の繊細で迫真の事実描写と小説の技術的手腕を敬慕した。私の作品がトルストイを模倣したとか、トルストイの影響を受けたことはないが。

（「文壇三十年の回顧」『全集』第八巻）

「感銘を受けた作品」「敬慕してやまない作家」を挙げても、ことごとく、その模倣や影響はなかったと念を押す金東仁である。韓国近代文学を担った日本留学生たちが青少年であったということは、彼らが日本の時代的・思想的潮流に無防備な状態でさらされていた、ということを意味する。深い思想なり学問の素養が蓄積されていない状態で、意欲の先立つ文学志望生たちがモデルとしたのは、排斥するべき日本文学しかなかった。この点に植民地朝鮮の作家たちが影響を受けた作家なり、作品を挙げるとき、日本文学よりは、西洋文学を挙げる心理的屈折がひそんでいるのではないだろうか。

一方、金東仁が純文学を追求するという命題のもとに創作した、韓国の現実を無視した真空管の中の実験的な小説を真正の小説だということができるのか、という問いも提起されている。(4) 最も大きな問題は、徹底的に伝統と断絶している点である。日本の近代文学が西洋の衝撃によって伝統文学との断絶の上に築かれたと言われていても、江戸末期の草双紙は明治維新後も愛読され続け、その表現は坪内逍遙、二葉亭四迷らの文体に受け継がれ、森鷗外・夏目漱石等、日本の近代文学の創成期を代表する作家たちは漢文学の素養がその文学の基礎になっていた。

祖国が亡国の危機に瀕していた時期、新教育を学んで祖国を復興しようとする目的意識が先行する功利主義的啓蒙文学を展開した李光洙、そしてその功利主義文学への反発から始まった金東仁・廉想燮の文学、伝統との断絶から始まったが、最後まで伝統との断絶のもとに純粋芸術を志向した金東仁は、韓国文学に珍しい芸術至上主義文学を残したと同時に、韓国の現実を無視した純粋芸術が生存権を保障されることが可能なのかという問題をも残したと言える。

一方、廉想燮は、影響を受けた作家や作品に対して率直に話している作家である。廉想燮が尊敬する作家は白樺派の柳宗悦・志賀直哉・有島武郎などだった。一九二〇年二月、柳宗悦に会った廉想燮は、柳と一緒に我孫子に志賀直哉を訪ねて行き、長時間話し込んだという。また、彼は東亜日報創立記念行事に柳宗悦の夫人柳兼子の独唱会を企画したり、柳宗悦の文章を翻訳して解説とともに東亜日報に掲載するなど、彼と白樺派の人士たちとの交流史は、公開されている。同じ時期に、同じ韓国近代文学の本格的な確立のために献身していた金東仁と廉想燮という植民地の青年が、日本の文人たちとの影響関係に言及しながらこのように違った反応を見せるとき、彼らの考え方はどのように違っており、その理由は何であるのか。これについて、本稿において検討することとしたい。

作家は、外国文学・思潮・文化一般に亘って、どのような形であれ、関係を結ぶようになる。外国作家の影響は一人の作家の芸術活動を指し示し、形成させる刺激になる場合が少なくない(5)。

しかし、その受容と発現のあり方は独自のものである。外的な刺激の受容は形成途上にある作家が持っている潜在的な、あるいは半ば意識的な内的欲望を具体化させる契機になりもし、彼が目指す方向を提示しもする。影響を受けたなり、受容したということは、どこまでも作家の原初的な気質と内的欲求から発している主観的な選択である。結果的にあらゆることを吸収・濾過した後に、所属する民族と社会性を反映する独創的な文学世界を構築し、「一国民の伝統を他国民の伝統から解放させる、特殊で個別的な大家が存在する(6)」という事実を、本稿を通じて確認することを期待する。

一　韓国近代文学前史

韓中日東アジア三国の近代文学史の始めのページに西洋文学の移入史が置かれるのは、「近代」という制度的な枠組みの中に西洋近代文学が入っているためである。韓国は一九一〇年の日韓併合以後、圧倒的に日本文化の影響圏に編入された。一九二〇、三〇年代に翻訳書籍が激減したという統計から確認できるように、日本文学は原書がそのまま、西洋文学といっても日本語に翻訳されたものが主に受容されていたことが分かる。近代化と絡み合っている翻訳過程をしばらく展望して、金東仁、廉想燮が活動する前の韓国近代文学前史を簡略に概観しようと思う。

本格的に西洋の文学作品が近代文体（ハングルと漢文、純ハングル）で翻訳、紹介され始めるのは、一八九五年七月李東が井上勤訳『アラビアンナイト』を重訳した『流獄歴伝』と、カナダ人宣教師ゲイル（Gale, 一八六三～一九三七）夫婦が翻訳したジョン・バニヤンの『天路歴程』からであり、これに引き続いて冒険談、外国の歴史や英雄伝が翻訳されたというのが、一般的な見方である。このような翻訳ものの盛行は、日本から明治期の自由民権運動の一環として翻訳された作品や政治小説に影響を受けて始まった。初期の翻訳物は若干の中国語からの翻訳を除いては、大部分日本語訳からの重訳であった。どのような作品が翻訳、重訳されたかについては金秉喆教授による膨大な研究と翻訳年表があるので、参照していただきたい。[7] これら外国史なり英雄伝の翻訳の盛行は甲午更張以後、あらゆる公文書がハングルと漢文混用体を使用するようになった点、また新しく変更された学制として成立した初等、中等教育で歴史教科書編纂が盛行したことと関係があると考えられる。

　これらの翻訳は突出した民族意識の持ち主であり、韓国史研究に尽力した張志淵《ジャンジヨン》（一八八〇～一九二一）、朴殷《バクウン》植《シック》（一八五九～一九二五）、申采浩《シンチェホ》（一八八〇～一九三六）等、当時の代表的な学者が担当した。一九〇五年の韓日保護条約締結によって民族の危機に直面した一九〇七年には『アメリカ独立史』『イタリア独立史』『スイス建国史』をはじめ、『ポーランド亡国史』『ベトナム亡国史』『クリミア戦記』等、国民の愛国心を鼓吹して危機意識を痛感させようという翻訳書が多数刊行された。同じ脈絡で『乙支文徳傳』『姜邯賛伝』『李舜臣伝』『イタリア建国三傑伝』など、国難を克服する国内外の英雄を描いた伝記物が多数出版されたが、これは民族の危機的な状況の反映であると言えるであろう。近代韓国において草創期留学と翻訳は主として朝鮮王朝なり大韓帝国の国費留学生によって主導された。例えば、日清戦争後の日本勢力の拡張を背景として、朝鮮政府の学部と日本の慶應義塾との間に留学生の委託契約が締結されたり、日露戦争時、戦局が日本に有利になり始めた一九〇四年十月に「大韓帝国皇室特派留学生」五〇名が東京府立一中等に派遣されたこともその一環である。アメリカへの留学も日本留学が前提となって成立したのである。しかし大韓帝国と日本の間に韓日保護条約（一九〇五）が締結された後、状況は変わる。一九〇七年三月には大韓帝国学部所管、日本国留学生規定が制定されて、東京に留学生監督が常駐するようになった。大韓帝国末期の日本留学生数は、おおむね五百名程度であった。一九一〇年の日韓併合は事態を拡張させた。この時以来、日本留学生の数は、一九二〇年に一二三〇名、一九三〇年に三七九三名、一九三六年に七八一〇名、一九四二年に二九四二七名に増加して行った。[8] しかし、日韓併合後、留学の動機は変わっていった。彼らにとって留学はもはや単純に出国手続きをし海外に出て、その土地の文物を学習して帰国することではなく、もっと具体的であり、複雑でもあるものに変わったのだが、その動機は主に日本に対する闘争（独立を志向する運動）を内包して形づくられていったのである。

具体的な例を見れば、一九〇〇年代には前述の外国史なり英雄伝のほかに、「新小説」と呼ばれる一連の創作が登場しはじめる。それは、登場人物と舞台を同時代に置き、内容面においては自主独立と民主主義、新教育の普及と婦人解放、自由恋愛等を高らかに唱えている点で近代小説の嚆矢と呼べるものであった。その代表作として挙げられるのが李人植の長編小説『血の涙』（一九〇六）である。一九〇〇年代に大韓帝国の官費留学生として日本に留学し、東京政治学校に通った李人植の代表作『血の涙』は前に述べたような近代的な内容を盛っている。日清戦争の戦火の中で日本人軍医に助けてもらった韓国の少女、玉蓮が日本で成長したのちアメリカに渡り新教育を受け、実の父と劇的な再会をし、愛する人と婚約をするというあらすじから知られるように、開化期韓国の持っていた日本に対する期待に溢れた小説である。近代的な民主思想や自主独立、新教育思想を鼓吹して迷信打破、既成の因習批判を志向する新小説は教化小説であり、説教小説であり、啓蒙小説であった。

近代的な文学の新開拓期と称される崔南善、李光洙の時代がその後に続く。一九〇八年十月に『少年』という雑誌が崔南善によって発刊された。後には歴史学者になる崔南善は文学から出発したのである。韓国の新文学運動の先駆けとなった韓国最初の月刊誌の名前が『少年』であったということと、出版者が十九歳の少年であったということは、韓国近代文学を担当した主体のほとんどが二十歳前後の少年だったという事実と、彼らが文学修行をした期間が極く短かったことを表している。古い時代を清算し、新しい時代を受け入れようとする少年たちは、時代の主人公であり、英雄だったということだ。李光洙の最初の小説が『若き夢』（『青春』、一九一五年）であったことは[9]、そのような時代を反映したものであると言えよう。近代的な新文学の登場期として評価されるこの時期、崔南善と李光洙が志向したものは啓蒙・教化だったとしても、その文学は言文一致運動・時制文の採用・民族精神という理想をひっくるめて、因習打破を志向し、自由恋愛を鼓吹し、韓国文学の新しい領土を開いて見せたということなのである。李光洙は崔南善とともに韓国の新文学を初めて作り出した先駆的な作家として、新文学運動の四十年間を通じてたゆみなく作家活動を続けた最も重要な人物である。

彼が作家生活をしつつも、心は常に政治にあったということが、彼の文学観を一つの政治的な文学観という形に作りあげていった原因といえる。彼は文学を愛国運動の前衛部隊として機能させようとしたのである。この点が本格的な近代文学を志向した金東仁、廉想燮などに批判される理由になったのだが、李光洙の『土』（一九三七）、『愛』（一九三九）、『無明』（一九三九）等の小説は朝鮮の若者たちを熱狂させ、「民族改造論」「朝鮮の現在と将来」等の論文は、朝鮮の青少年に多大な影響を及ぼしたのである。李光洙は当時の若い読者に近代文明の福音を伝える伝道者であったと言えるだろう。崔南善と李光洙が文学活動を開始した後、一九一三年頃に始まった外国文学の紹介は大部分が概要の紹介か、翻案に過ぎなかった。日本の出版統制によって政治的出版物はもちろんだが、小説すらもなかなか出版できなかったこの時期、小説読者たちの喉の渇きを潤してくれたのが李光洙の『無情』（一九一七）だった。

李光洙は一九〇七年、明治学院中等部に通い、一九一五年の第二回目の渡日時に早稲田大学高等予科を経て早稲田大学哲学科において修学した。青年期を日本における留学生として送った彼の初期代表作『無情』には、李人植の『血の涙』のような楽観的な日本礼賛は見えない。もちろん、日本に対する抵抗心を表出することは朝鮮総督府の武断統治下という時代状況が許さなかった。作品のテーマが制限を受けるのはもちろんだが、この作品にはあらゆる過去の足かせを切り捨てて、教育を通じて将来の独立国韓国の人材を育成せねばならないという作家の思想が充分に盛り込まれていると言える。李光洙自身、一九一九年の三・一独立運動の起爆剤となった二・八独立宣言を起草し、一時上海に亡命するなど、三〇年代中盤まで多様な形で独立運動に荷担していた。しかし独立を準備するためには人材（近代国家を支える国民）育成と祖国の近代化を図るべきなのだが、そのためには近代化のモデルとして青少年期に留学して以来絶えることなく接してきた日本を想定しながら、同時にその日本からの独立を達成せねばならないという二律背反のジレンマの中で屈折を重ねていくことになった。[10]

日本に対する抵抗心をいだいて社会と文化の近代化に尽力した李光洙と同じようなジレンマに陥ることは、植民地韓国知識人の一つの典型と言うことができるかも知れない。これは例えば日本留学から戻って新体詩や唱歌のジャンルを新たに主張し、自身も数多い詩と歌謡を残して韓国近代詩を開拓した崔南善にも当てはまる話である。一九〇四年、大韓帝国皇室特派留学生として東京府立一中に留学し、一九〇六年には早稲田大学高等師範部地理歴史学科に留学するかたわら、『皇城新聞』等を通じて果敢に独立維持を提唱する言論活動に従事した彼は、一九〇七年に日本から印刷機と活字等を自費で購入して新文館という出版社を起こし、一九〇八年『少年』という雑誌を創刊した。『少年』は新体詩と唱歌を初めとする新旧の文学作品を多数翻訳・紹介する一方、李光洙などにも創作の機会を提供した。『少年』は文学事績としては、崔南善なり李光洙のような新文学の先駆者の創作活動の場として高く評価される一方、それまで散発的に翻訳紹介されてきた西欧の文学作品を多様に紹介した最初の雑誌としても、高く評価されている。[11] しかし、『少年』は一九一〇年の日韓併合によって廃刊措置となり、[12] 崔南善は朝鮮光文学会を組織、古文献の整理・保存に傾注するようになる。崔南善が歩んだ道は国を失った朝鮮の知識人の屈折した足取りを見てとれる一つの例とすることもできよう。[13]

二　金東仁と『創造』

1　生い立ちと文学への夢

一九〇八年『少年』発刊から三・一独立運動が起こった一九〇九年までを、崔南善、李光洙の二人が中心だった韓国新文学の第一期と見るならば、一九一九年二月に当時東京留学生だった金東仁、朱耀翰、田栄澤、金煥《キンファン》等、若い作家、詩人、画家たちが集まって作った純粋文芸同人誌『創造』は、本格的な近代文学の幕を上げた存在だった。李光洙の政治的功利主義に批判的な立場から、文学活動を展開した『創造』の中心人物は、金東仁であった。一九二〇年代に「文学のための文学」あるいは純文学を主張し、一貫してその命題に忠実だった東仁の文学事績の重要性は決して軽視することができないと言えよう。

一九一四年、日本留学に旅だった東仁は、先に留学していた朱耀翰の下になるのを嫌って、彼が在学する明治学院を避けて東京学院に入ったが、一九一五年に東京学院が廃校になったため、明治学院中等部に移り、一九一七年三月、中等部三年を終了した。父の死亡によって帰国するまで、一九一五年から一九一一年にかけて、満三年を東仁は明治学院で過ごしたのである。この三年という歳月は、東仁が文学に開眼する決定的な時期である。明治学院に脈々と流れる文学的な気風は、彼の文学的感性を追求させる要因になったと考えられる。日本自然主義文学の大家島崎藤村、ダントンの『エルウィンの物語』を翻訳した戸川秋骨、馬場孤蝶らを輩出し、岩野泡鳴が一時籍を置いていた明治学院でゲーテの『若きウェルテルの悩み』、ダントンの『エルウィンの物語』（国民文庫、一九一五年）などを読みながら「実用性はないが人間の魂と直接交渉のある尊貴な学問である芸術の力」を悟るようになったという(14)。

一九一七年、三年生の回覧雑誌に日本語小説を投稿した東仁は、「将来お前は朝鮮の小説家になれ、俺は日本の小説家になる」と日本人学友から激励され、「有史以来朝鮮文による文芸運動のなかった祖国に朝鮮文芸運動を興して朝鮮文学という塔を建てよう」と決心する。

一九一八年十二月二十五日の夜は韓国民族史上、二つの大きな意味を持っている。一つはこの日、一九一九年三月一日の己未独立運動が胚胎したことであり、もう一つは韓国近代文学の基礎を置いた『創造』同人誌刊行が決定されたことである。東仁の下宿に戻った金東仁と朱耀翰は、クリスマス祝賀のため東京青年会館に集まった朝鮮人日本留学生たちが決定した独立宣言書作成に関して興奮して話し合っていたが、話が文学に移り、「政治運動はその方面の人たちに任せ、我々は文学運動を……」[15]具体的な文学運動、すなわち同人誌刊行を決定した。三・一独立運動が胚胎した集会での興奮もさめやらぬ時に、「政治的運動はその方面の人にまかせて、我々は文学運動を……」と決定したことは注目すべき事実である。それは東仁がこれから歩もうと志した文学の道が、最初から政治や社会とは絶縁した芸術の王国だったことを象徴する逸話と言わねばならない。

植民地朝鮮の将来を担うべきエリート日本留学生が朝鮮の現実的状況を無視して、ひたすら純粋芸術を追究しようとしたことは、彼の成長環境を考えても特異なのである。金東仁は、「朝鮮が無くなって、日本帝国の一地方となってしまったのは、私が十一歳になった年だった。いわゆる不逞朝鮮人の故郷である「平壌」、不逞朝鮮人の所産地である「キリスト教」、これが私が成長した環境だった」と回想している。

東仁は、一九〇〇年十月二日、篤実なキリスト教信者であり、息子に厳格ではあるが惜しみなく愛を注いでくれた父、金大潤の三男一女中の次男として生まれた。東仁の父はお祈りをするときはいつも、「この子たちが神様に誠実で、国に忠誠を尽くす人物になるよう、お導き下さい」と祈っていたという。「傾いていく国家、滅びようとしている大韓帝国のために心を砕いていた父は、当時の志士、安昌浩、安泰国、林蚩正、李昇薫氏等をいつも家に招待して、兄に討論させ、その志士たちと交友を結ぶようにした、韓国の知性の一つの典型であった」[16]。東仁の家門は、平壌屈指の大富豪の家であり、平壌教会の初代長老で開化主義者でもあった東仁の父の育児法は独特なものだった。父は東仁に天上天下唯我独尊的な思想を注入して、東仁は自我確認の傲慢な性格を形成しながら育ったという[17]。その自負心と金銭的な後ろ盾は、十八歳の少年に本格的な韓国近代文学を作りあげようという「小さな巨人」的な野心を持たせた一つの要因であったと言えよう。ジョージ・ワシントンの桜の木の逸話を語り聞かせる仁者であり、厳格な道徳観念を持った父の膝下で、金東仁は「キリスト教式の教育と道学的な教訓の下で育てられた」[18]。しかし、芸術に開眼した彼は自身に徹頭徹尾忠実なのが美であるという命題のもとに、あらゆるものを犠牲にして芸術至上主義へと傾斜していくのである[19]。東仁が留学した当時、彼を取り巻いていたのは「個性の特殊性を主張しながら花咲いた多様で自由な開花だった……百花爛漫を楽しむことができた。（中略）各個人の自我（個性）の自律性の原基（一種の自律性の原理）をどのような形態であれ保持し……、「絶対我」を共通の基盤とする個性の特殊性を主張することができる段階に到達した」白樺派が主流を占めていた大正文学[20]だった。

東仁が当時大きな流れをなしていた芥川龍之介・谷崎潤一郎等の芸術観、武者小路実篤・有島武郎等、白樺派の自身の本能に忠実であろうとする自我絶対視観、文学を愛する本能にひたすら忠実であろうとして筆を取る芸術観[21]に影響を受けたのは当然なことであろう。東仁は、一生を芸術のために献身した。父が亡くなった後、放蕩のために家産が一挙に傾いた後にも、一九三二年朝鮮日報に学芸部長として四〇日間在職したことを「寡婦の密通にも似た、私自身恥辱に思うことだ」と回顧している東仁である。

同じように白樺派の影響を受け、それを公言した廉想燮は東亜日報記者・時代日報社会部長・満鮮日報主筆及び編集局長等を歴任しながら、その能力を十分に発揮していた。彼の軌跡は、その文学観が東仁とは異なっていたことを示している。

東仁は一九一九年三月二十六日から六月二十六日まで弟、東平の地下新聞に檄文を書いた咎で平壌警察拘置所に収監され、一九四二年四月から七月には不敬罪で西大門刑務所に収監された。廉想燮は一九一九年、大阪天王寺公園で独立運動デモを行い、十ヶ月間投獄された経験を持っている。日本留学生たちが一九一九年三月一日の独立運動にどのような形であれ関わっていた事実は、彼らが亡国の若者として、母国と朝鮮の人々のために尽力せねばならないエリート層であるのを自覚していたことを現している。しかし、彼らは同時に祖国を植民地化した日本から、その救国の方法を学ぶほかないという二律背反を身をもって生きねばならず、これが彼らを悩ませたアキレス腱だったことは、否認することのできない事実である。廉想燮の足跡は、まさにこの矛盾から来る自家撞着を露わにしている。真空管の中の実験である純粋芸術に逃避するか、または現実を直視して苛まれながら生きるかという選択肢の中で、金東仁が最後まで純粋芸術を固守したことは、それが彼の自負心の根拠だったためである。「小説の素材を些細な朝鮮社会の改良に置かずに、人生という問題と生きる苦痛を描いてみようとした」。「……勧善懲悪から朝鮮社会の開化へ、そして一転して朝鮮社会の問題提示へ……このような道を歩んだ朝鮮小説はついに人生問題の提示という小説の本舞台にのぼった」。このような自負心から始めた『創造』は近代的純文学思潮を韓国文学に導入し、散文文体の確立、特に時制問題、三人称問題など、さらに完全な口語体を志向して発展させ、リアリズム思潮を定着させ、本格的な近代文学を確立させた点で評価されている。

2 『明文』とキリスト教

『創造』創刊号から東仁は『弱者の悲しみ』を連載し、『心の浅い者よ』（一九二一）、『ベタラギ』（一九二一）等を、引き続き発表する。「任意の一行を読んでも、これは東仁の作だと認識できるほど強烈な東仁味がある独特な文体と表現方式を発明」するための努力がついに実を結ぶのは『明文』と『じゃがいも』からである。東仁は自ら「私はついに東仁だけの文体、表現様式を発明した。そしてそれに対する充分な矜恃と意識下に「明文」と「じゃがいも」を発表した」（「韓国近代文学考」、『全集』八）と言っている。

『明文』（一九二五）は伝統的な儒教的価値観の中で生を完結しようとする親世代である田判書大監と、外来思想であるキリスト教によって生を改革しようとする一人息子の田主事の間の葛藤を扱った作品である。当時のキリスト教徒の実態を誰よりもよく知悉していた東仁は、皮相的に把握したキリスト教を盲信する生半可なキリスト教者の姿を苛酷なまでに諷刺し、めった切りにしている。「祈禱しなさい、無駄なことだがお前がしたければしなさい。しかし、わしには神様よりお前がかわいい。さあ、父さんの手、冷たい手を取ってくれ」といいながら田判書は死に、残された母が痴呆症状を見せると、限りなく善良で、正直で、謙遜な孝子である田主事は、「まったく、母の人生はなんの価値もなかった。痴呆のために従僕や下男たちにも馬鹿にされ……、（中略）このような人は一日余計に生きればそれだけ自分を侮辱することになる」と考えるのである。田主事は母に孝行をするために「あの世に送る」ことを決心する。法廷でも死刑台でも、田主事は「神様の御心のままにお母様を眠らせたことは、罪ではない」「十戒の中で五番目の親に孝行をせよというお言葉を守っただけだ」と自分が正しいという信念で毅然としている。彼の悲劇は、彼が最後まで何が自分の罪であるか自覚できないまま、神の判決を受ける点にある。『明文』は植民地下、政治的挫折のalternativeとして[22]一部のキリスト教信者たちが追求していた逸脱した信仰形態に対する揶揄が基調となっており、古い価値観を固守する世代と、キリスト教という外来宗教で生を改革しようとする若い世代との間の葛藤を主題としている。

しかし東仁の芸術観を受け入れるなら、この作品を当時の朝鮮社会、特にキリスト教信者に対する揶揄と告発と見るだけでなく、作品自体の完成度から評価しなければならないだろう。東仁独自の文体を作り出したという自負心を満足させるもう一つの作品、『じゃがいも』（一九二五）は「そのドライなタッチは、あまりに高踏的に完結しており、韓国小説史は未だその高みに達していない[23]」作品である。人生問題を提示しようとする東仁の視線は、最下層の人々の悲惨な現実へと移行せざるを得ない必然性を持っている。

『じゃがいも』が刊行したのは「殺人、放火小説」が全盛時代を謳歌する時期であった。東仁はプロレタリア文学に同調する作家では決してなかった。しかし、彼が文壇の潮流とプロレタリア文学に注目していたのは、当然のことである。彼がプロレタリア文学の作家、崔曙海《チェソヘ》を高く評価して交友を結んでいた事実がこれを証明している。『じゃがいも』で作家の視線は社会の最下層の階級に移動している。この作品では、貧窮が原因で発生する殺人・放火・陰謀など人間の醜悪な側面が露わにされている。東仁自身は「無知の悲劇を描こうとしたのだ。貞操という観念を持ってはいたが、それは結局は観念に過ぎなかった」（「群盲象を撫でる」『全集』十）と言っている。この作品は、貧乏ではあるが、実直な農家で道徳というものに対して漠然とした畏怖を持って育った〈福女〉という一人の女が、「堕落した世界と同質の志向を持って、その世界と完全に妥協し、競争しながら卑俗な生を繰り広げて行く自我[24]」を描いた作品である。

夫がありながら人夫監督と中国人王旦那に貞操を奪われ、お金をもらっては良心の呵責よりも、楽しいし、お金にもなるといって喜ぶ〈福女〉である。しかし、王旦那が百円で買った処女と結婚するや全ては破局に転がり込む羽目になる。嫉妬に盲目となった福女は、暴行におよんで王旦那に鎌で殺されてしまう。彼女の死は王旦那と亭主の間の紙幣何枚かと銭何文かのやりとりと、漢方医との協力で自然死としてごまかされ、隠密に処理されてしまう。福女の徹底的な破滅は劇的なプロットの展開、早いテンポで進行する事件のパノラマ的展開、方言と階級的な語彙の駆使によって、韓国短編小説に新しい地平を開いたと評価されている。

3　『狂画師』と『刺青』の比較

廉想燮の作品が当時の朝鮮社会のリアルな描写だとすれば、東仁の作品世界はどこまでも芸術的完成を追求することを目的としている。当時の朝鮮社会、朝鮮人の生は、芸術の完成のための素材に過ぎないのである。彼の芸術至上主義が最もよく現れている作品が、天才作曲家白性洙を題材とした『狂炎ソナタ』（一九三〇）と天才画家率居を主人公とした『狂画師』（一九三五）である。ここでは『狂画師』を中心に、谷崎潤一郎の『刺青』（一九一〇）との影響関係を探り、何がどのように受容され、変形されたのが何で、その理由は何であったかを考察する。

東仁が谷崎潤一郎に関心を持っていたことは、彼が『瞳の痛覚』（一九三五）で『春琴抄』の主人公佐助が針で瞳を突いて自ら盲目となる部分に対して言及していることを見れば、明らかである。天才画家率居は、またと見られないような醜悪な顔の所有者だ。その顔のために彼は二度も結婚に失敗して、女性忌避症になってしまう。女性忌避症は、人間忌避症に拡大し、それは芸術への精進と一つになって率居は山中で隠遁生活を送るようになる。率居が描きたいのは「山、木、せせらぎ、杖を手にした老人等」を中心とした伝統的な絵画から脱皮した「表情がある顔」である。彼は商人たちの邪悪な顔つき、道行く人々の呆けた、またはよそよそしい顔など、表情があり、動きのある人間を描き出す。

「色合いの異なる表情」を求めていた率居は、「子孫の美まですべて奪ったかのように、この世にまたとない美人だった」母の表情に浮かび上がる微笑を思い浮かべる。「大きな目になみなみと湛えられていた涙、それでも憧憬と慈愛に輝く目、口元に浮かぶ微笑」。

率居が追求する微笑が、母だけが子供に見せられる愛情に溢れた表情だったという点に、『狂画師』が破局に終わることは、すでに決定されていたと言える。そこには官能が介在する余地がないからである。この世にふたりとない美女を求めて、率居は何年もの間を空しく過ごす。そんな彼が偶然に出会ったのが、道に迷ってさまよう十七、八歳の「盲目の少女」である。その大きな目に宿る憧憬の波立ち、麗しいその表情こそ、率居が追い求めてやまなかった理想の美女だった。しかし「盲目の少女」の恍惚とした表情が消えれば、彼女はただの美女に過ぎないのである。率居は理想の美が消え去った彼女を棄てようとする。芸術的な完成のためには妥協することができないためである。しかし率居がたそがれの美しさ、竜宮と如意宝珠の物語をしてやると彼女の顔には再び前と同じ恍惚とした表情が浮かぶ。少女を連れて自分のあばら屋に戻った率居は体だけ描いたまま放っておいた美女像の顔を描き始める。しかし美女像のうちで最も大切な「目」を書く前に暗闇が迫ってきた。処女の香りと全身から感じられる処女の気配に、画工は神経が麻痺したようになって、二人は「翌日の未明には、もうただならぬ仲」になってしまう。少女の目は「単なる愛欲の目」「妻の目」「男の愛を求める女の目」になってしまっていた。芸術を完成させる道具としての存在価値を喪失した少女は、怒りと呪詛の対象となるだけである。追い求める表情を手に入れられず、ののしって彼女を振り回した率居は彼女が死んだことに気づく。我知らず彼女を絞め殺してしまったのだ。率居に残されたことは禁忌を犯した殺人者である自身と、盲目の少女の体が倒れるときに撥《は》ねた墨汁が「偶然に作り出した」恨めしそうなひとみを持った美女像だけだった。狂人となった率居はその絵を抱いてさまよったあげく、ある吹雪の夜、生を終える。

『刺青』と『狂画師』は時代背景、主人公の設定に類似点を見せている。率居と清吉が理想とする美女を長年の間、探し求めていたというプロットも、彼らが見つけた美女が十七、八才の少女であること、理想美を開発するために小道具を利用するという点も類似性を見せている。(『刺青』では中国の〈末喜〉の絵と〈肥料〉という題目の美女の絵、『狂画師』では龍宮、黄昏の話など)、主人公が社会性を欠いた偏屈な天才画家である点も同じである。彼らは芸術至上主義者であり、同時に理知的な思考力を欠いている。彼らは自分の内的欲望だけに忠実である。何よりも重要なのは、芸術的完成を目指す徹底した芸術家意識がこれらの作品の基調になっていることである。

金東仁が『刺青』から霊感を得て『狂画師』を上梓したことは事実として認めてもいいだろう。しかし、数多くの共通点を共有するこの二つの作品は、はるかに多くの相違点を見せている。美しい女の官能美に対する谷崎と東仁の姿勢が対照的であることからしても、二作品の距離は遠い。清吉の世界が肯定の世界なら、率居の世界は否定の世界である。谷崎が理想の美女の前に跪いて天上の歓喜を味わうとき、東仁は理想の美女を絞殺する。清吉が自分を犠牲にして刺青を施し、男を肥料にして官能的に美しく輝く女の足下で喜悦に浸るとき、率居は美女を殺し、狂人になってしまう。東仁にとって美女は芸術を完成させるための道具に過ぎない。谷崎が日本文学に綿々と引き継がれてきたエロティシズムの伝統を継承して、皆が胸に潜在させていながらまだ誰も扶育の手を下していなかったgermを自由な空気と奔放な光線のもとに華やかに開花させた作家だったというなら(25)、エロティシズムに対する全的肯定の伝統のない風土で生まれ育った東仁にエロティシズムと美への謳歌は存在しない。『狂画師』には初めから官能美への欲求は存在していない。率居が芸術のために慣習と掟を破った時、東仁の芸術至上主義的な作品の悲劇的結末は既に予定されていたと言える。『金妍実伝』（一九三九）に現れる性は無知による放縦に過ぎない。東仁が信じた唯一の神は芸術であった。しかしその芸術家としての自負心が直面せざるを得なかった植民地朝鮮の暗澹とした現実と、芸術至上主義を認めようとしない風土は率居と白性洙を発狂にいたらせる。「東仁は全人生を投げ捨てて文学を得、芸術に生き、芸術に死んだ東仁に捧げられた弔辞である」という李炯基の指摘(26)は芸術に生き、芸術に死んだ東仁に捧げられた弔辞である。植民地朝鮮の現状だけでなく、その伝統的な芸術観・社会観・道徳観は谷崎には容認された官能への耽溺を許さなかったのだ。

参考までに、中国と違って朝鮮で厨川白村の『近代の恋愛観』は翻訳されなかった。翻訳されなかったから受容されなかったということではない。一九二〇年代に西洋の書籍が翻訳ないし日本語からの重訳によって紹介されていたのに比べ、日本の書籍は原書のまま読む知識階層の増加のため、翻訳されなかった可能性が高い。一九二〇年代から日本書籍の輸入が爆発的に増え、一九三〇年代には輸入書籍の九割を日本の原書が占めていた。廉想燮の『お前たちは何を得たか』の登場人物崔漢圭が「愛なき結婚は強姦である」と言っているのは『近代の恋愛観』にある「愛なき結婚生活によって自己の物質生活の安定を得るが如きは、何と考えても一種の奴隷的売淫生活であり、野蛮時代の売買婚の遺風に過ぎない。（中略）それは明らかに一種の強姦生活であり、売買生活である」という文章を反映したものと言える。金東仁の『金妍実伝』（一九三九）の主人公妍実は平壌で妾の娘として生まれるが、進明女学校へ入学して早くから新学問に接し、正妻のお金を盗んで東京へ留学する。「朝鮮女子留学生親睦会」に加入してから〈先覚者〉としての自覚を持つようになった彼女は朝鮮の女流文学家になれとの同僚日本人学生の激励に「文学の実体である恋愛をよりよく理解しようとして」エレン・ケイや厨川博士の著書を耽読する。作品にはK博士となっているが、一九二〇年代に日本に留学したことになっている妍実が読んでいるのが厨川白村の『近代の恋愛観』であることは十分推測できる。東仁は「所謂新女性と称する人たちが確かな自覚もなしに……。（中略）水火も辞せず突進する盲目的な勇気が小癪で」残忍なくらい、いわゆる新女性を否定的に描いている。神聖な恋愛は霊と肉が一元的に合一すべきだという厨川の主張は、それを口実に放縦に流れる新女性として諧謔化され、軽蔑の対象になっている。儒教的な道徳観を固守していた東仁としては、新女性たちの自由恋愛の鼓吹が片腹いたかったに違いないのである。

三　横歩・廉想燮と『廃墟』

1　生い立ちと文学

『標本室の青蛙』（一九二二）を発表し、朝鮮文学に初めて韓国的な自然主義文学を表したと評される[27]廉想燮は、金東仁とともに韓国近代文学を開拓した双璧である。一九二〇年、『廢墟』の同人として登壇し憂鬱で鬱憤に満ちた本格的な写実的叙事文学を書き続けた廉想燮は、当時の歴史性と社会性を調和させた韓国小説文学の代表作である『三代』を一九三一年に上梓し、一九六三年に死亡するまで百七〇余の小説、一〇〇余篇の評論、一八〇余篇の雑文の執筆を通して韓国近代文学を切り開いた巨峰であった。

金東仁は北朝鮮の平安南道出身であったが、廉想燮は生粋のソウル人である。大韓帝国中枢院参議だった祖父からは『童蒙先習』を学び、全州・義城・加平等の郡守を歴任した父親の膝下で薫陶を受けた廉想燮の「生粋のソウル人」という出自は、西北出身の金東仁の限られた朝鮮語の語彙数に比べ、廉想燮文学の特徴であるソウル中産階級の豊富な語彙の源流になっている。廉想燮は一九一〇年代の大正教養主義の影響を最も明確に受けた作家である。ここで「明確に」という言葉を使ったのは、唯我独尊的自我の持ち主だった金東仁が誰からも影響も受けていないと断言しているのに反し、廉想燮は自ら影響関係について言及しているからである。従って廉の思考方式の枠と一九二〇年代の精神史的構造を確認することは即、大正教養主義に結びつくことになる。明治期の国家至上主義から西欧世界への傾倒、個人主義・自我主義を高揚する時代の雰囲気に朝鮮の留学生たちは常に晒されていたのだが、そこには金東仁も廉想燮も朱耀翰も含まれていた。廉想燮だけでなく『廃虚』同人全員が彼らの生と文学の標準にしていたのが白樺派だったと言えるのである。

廉想燮が一九一一年に渡日して東京の麻布中学・青山学院中等部を経て京都府立第二中学に編入した後、慶応大学史学科で勉強した背景には日本陸軍幼年学校および士官学校を卒業し、日本陸軍大尉として京都で勤務していた長兄廉昌燮の支援がある。しかし植民地朝鮮の留学生でありながら同時に日本陸軍大尉の弟であるという条件は廉想燮に自分では解決できない二律背反的アイデンティティが、自負心と羞恥心を同時に抱かせる要因になる。彼が東京の留学生たちの二・二八独立宣言運動について何も知らなかったことと、一九一九年三月一日の己未独立運動の話を聞いた後、大阪天王寺でビラを配って集めた朝鮮人労働者たちと三月十九日に遅れをとった示威を試図して十ヶ月間拘禁されたのは、自己の主体性の確認のためという側面がある。彼が京都府立第二中学在学中から文才に秀で全校で一番散文が優れていたということ[28]、朝鮮留学生の中で最もオーソドックスに名門校で修学し、日本語が上手く日本文章に優れていたことは、彼が日本近代文学の深層まで深く理解していたことと関わる。廉想燮は日本に深い愛情を持っていた[29]。十ヶ月間の禁錮刑を受けた彼は刑量を不服として地方裁判所に上告したが、その論理の整然とした文章を見て、当時の担当判事西田は彼に法理学を勉強するように勧めたという。東京での二月二十八日の独立宣言事件の時、一流の日本人弁護士たちが朝鮮人留学生たちのために無料弁護を申し出たのも、彼が監獄で大阪朝日新聞主筆である西村に「何故朝鮮は独立すべきか」という文を送ったとき、西村がその流麗な文章と論理に感服して部下であった朝鮮人記者秦学文（一八九四〜一九七四）に見せて褒めたことなどは、大正デモクラシーの風潮と関係があるだろう。

出所してから学校を中退して横浜福音印刷所で職工として働いていた廉想燮は、秦学文が一九二〇年、民族紙『東亜日報』創刊の主要メンバーとして参加したとき、記者として働くよう勧められる。記者と作家という二つの身分を持つようになった彼は、東亜日報創刊記念企画として柳宗悦の妻柳兼子の独唱会（一九二〇年五月四日）を推進した。韓国初の本格的な西洋音楽会であった柳兼子の独唱会は二回開催される予定であったが、熱烈な声援のため七回も開かれた。この音楽会については閔泰遠の「音楽会」という作品（『廃墟』二号）に詳しい。廉想燮は東亜日報の記者に任命されるや創刊号に加藤高明子の「同化政策は不可」、尾崎行雄の「民族自決主義に就いて」、島田三郎の「東洋の白耳義になれ」、浮田和の「東洋聯盟を主張する」、阿部磯雄の「文化的平等主義」、福田徳三の「政治と言論は不可分」などのインタビュー記事で七面を飾った。柳宗悦の「朝鮮人を想う」（四・十二、四・十八）、「朝鮮の友に贈る書」（四・十九、四・二十）なども彼が柳からもらって翻訳し、掲載したものだった。しかし彼は東亜日報を六ヶ月で辞め、兄が教頭として勤めていた定州の五山学校へ赴任する。七月には『廃墟』同人として詩を発表し、処女小説「標本室の青蛙」は『開闢』（一九二〇年八―十月号）に掲載された。それを見て唯我独尊の傲慢の塊だった金東仁が「強敵が表れた。大きい不安を感じた」と言ったように、優れた作品だった。(30)『標本室の青蛙』は現在、韓国の高等学校の国語の教科書に載っている。梗概は次のようである。

神経衰弱にかかった私は目をつぶると八年前、中二の時、先生がして見せた生物時間の蛙の解剖の場面が浮かぶ。鋭い針先で五臓を持ち上げられ痙攣する蛙の無惨な姿を思い浮かべ、引き出しにある剃刀で自殺したい誘惑にかられる。友達と平壌へ遊びに行った私は、日本人警官にひどく殴られて精神異常になった金昌億に会う。彼は民族主義と世界主義を一緒にした理論を展開して世界平和に寄与するのだという妄想を披露する。彼の考えに共鳴しながら恐怖と羨望を感じていた私は彼が家を焼失し、消息を絶ったと聞いて、好奇心と緊張がいっぺんに解けるのを感じる。そして私は依然として憂鬱症に苦しむ。

『標本室の青蛙』は韓国近代文学に初めて本格的な自然主義を導入した作品だと評されているが、当時の韓国社会が直面していたいくつかの精神史的、文化史的変化の重要な側面を観察して韓国小説の新しい伝統を形成したとも言われている。(31)金東仁が中心である『創造』（一九一九年二月）と廉想燮が中心である『廃墟』（一九二〇年七月）は何が違い、韓国近代文学史で果たした役割は何であったかを、確認する必要があるだろう。

まず、『廃墟』同人がソウル出身が中心であることが目につく。韓国最初の女流画家羅蕙錫《ナヘソック》、『太陽』に「朝鮮統治政策に就いて」（一九一八年八月、日本語）、「朝鮮文化思想の光輝点」（一九一九年十一月、日本語）などを掲載した柳宗悦の弟子、南宮壁《ナムグンビョク》が同人だったのが目につく。白樺派との交流、就中、柳宗悦が東亜日報に寄稿し、その夫人が韓国初の本格的独唱会を開催したのには、南宮壁の尽力が大きかった。廉想燮と南宮壁、そして『廃墟』同人が目指したのは白樺派であった。『創造』が近代的小説を最初に掲載した栄誉を持ち、近代小説の方法論の実験舞台として芸術的方法論に自覚的であったのに比べ、『廃墟』には自覚的な近代文学論が見えない。廉想燮は三・一独立運動が失敗に帰したあとの朝鮮の現実を「廃虚」と見做し、そういうところで創造できるものは芸術の世界しかないと考えていた。一方では記者として、一方では文人として活躍した廉想燮が関心を傾けていたのが政治的・経済的・社会的現実だったのは彼が一九二三年に東亜日報に『萬歳前』を、一九三一年には長編小説『三代』を発表して当時の歴史性、社会性を的確に調和させたリアリズム文学を提示したことからも分かる。それは金東仁の志向ではなかった。志向するところが違う二人によって韓国近代文学は豊穣な実を結び、同人誌『創造』と『廃墟』によって本格的な近代文学を獲得することができたのである。

2 『萬歳前』と『三代』

廉想燮は『萬歳前』に至って朝鮮社会の現状を直視する写実主義的な視線を確保するようになる。東京留学生である私（李寅華）は、三・一独立運動（萬歳事件と呼ばれた）が起きる前の年の冬、産後の肥立ちが悪くて妻が危篤に陥ったという電報を受けて期末試験を途中で放棄し、帰国の途につく。下関で関釜連絡船に乗船する度に経験する煩わしいいざこざを避けるため、待合室で乗船時間まで待った私は、乗船してすぐ風呂場に行く。風呂には日本人二、三名が先にいたが、彼らは朝鮮人は「台湾の生蕃」よりは少しましだ、などと蔑視調で話し合っている。朝鮮でお金を儲けるには労働者募集が一番だと言いながら、労働力を日本へ連れていく騙し方をお互いに自慢し合う。所謂憂国の志士ではない私ではあったが、その間、意識していなかった反抗心と民族的自覚を骨髄に染みて感じる。私は詩だとか文学だとか言っている自分がいかに愚かな存在だったか考えながら今後何をすべきか、疑問と不安に襲われる。船でも手酷い調査を受け、釜山でも派出所に連行される。

日本人巡査が睨み付けるだけですむことを、朝鮮人巡査はいつも頬っぺたを殴り、いじめる。継母のもとで育った息子のような、いじけた悪い心根だ。虐げられている人たち同士が出会えば、お互い同情し合うこともできるだろうに、自分の立場に不満があり、自己憎悪が強ければ強いほど、自分と同じ立場の人がもっと憎らしく、見たくもないのかも知れない。もしかしたら腹いせをしているのかも知れない。（『萬歳前』）

朝鮮人巡査から手厳しい調査を受けた私はこう考えながら釜山の町を歩くが、いくら歩いても朝鮮家屋や朝鮮食堂は目につかない。「知らず知らずの間にポケットのお金がなくなってしまうように、うやむやに無くなってしまったのに違いない」。私は時間が経てば経つほど日本人たちが傲慢になり、朝鮮人たちは萎縮する理由を考えて自省する。ソウル行きの列車が大田に停車している時目撃した現実は、とうとう私の怒りを爆発させる。車掌室に連行された二人の朝鮮服姿の青年たちは長い間虐められ、寒い待合室に座っている結縛された女性の背には赤ん坊が負ぶされている。私は怒りに燃えて絶叫する。「これが生活だと言うのか？　墓だ。蛆虫が蠢く墓だ！　共同墓地だ！……」（『萬歳前』六章）家に帰った私は妻の最後を見取り、身の回りを整理してから今後の進路を模索するため、ソウルを発つ。

日本留学生の中で誰よりも日本文化に精通し、日本語が上手で大正文学の影響を強く受けた廉想燮であるが、これまで見てきたように彼の作品世界は一九二〇、三〇年代の朝鮮社会の忠実な描写であり、その時代を生きなければならなかった知識階層の青年の苦悩と憤怒を描いて、日本近代小説の体系から離れた独自な文学世界を構築していることを確認することができる。

日本語で文学に目覚め、日本語で考え、日本語で創作し、日本という媒介を通した「近代化」を目指して疾走するしかなかった一九二〇年代の朝鮮留学生たちが、韓国近代文学独自の声を出すことがどれほど難しかったかを想起するとき、廉想燮が達成した日本文体からの解放は大きい意味を持つと言えよう。そしてそれがより完成された形で形状化したのが『三代』（一九三一）である。『三代』は一九三〇年代のソウル中區水下洞に住む萬石の地主、趙氏家族を中心に祖父と父と子の三世代が日本植民地下の経済体制のもとでどう没落し、どういう意識を持って生きたか、当時の青年たちの身悶えがどういうものであったかを如実に描いた作品である。李光洙の『無情』（一九一七）、蔡萬植の『泰平天下』（一九三八）とともに『三代』はその規模において、また緻密な構成において、豊富な内容によって韓国近代小説を代表する作品だと言える。

一九三〇年代のソウルの中産階級の日常生活を扱った新聞連載小説であったこの作品は、趙氏家門の長孫である二十三才の京都大学教養学部生趙徳基と、彼の友達である早稲田大学中退生のマルクス・ボーイ金秉和、それから二十代の後妻を持つ家父長的な伝統的生活人である祖父、新文物に多少は目覚め処世術の一つとしてキリスト教徒になって何かしてみようとはするが、愛欲に流され、蓄妾をするなどの二重生活で家産を蕩尽する過渡期的な人間である父親が登場人物である。徳基は善良ではあるがそのような不調和音の渦中で家産を守ることしかできない消極的な順応型の人物である。『三代』の人間ドラマは祖父の死によって起きた相続問題で後妻と関係者たちが見せる醜悪な争いでクライマックスに達する。

金秉和が追求する人間らしく生きる道、貧しいがけなげな女工ピルスンの父親の革命家としての不幸な生涯は趙氏家門の人々とは対照的な新しい生を開こうとする意志も見せている。冠婚葬祭（曾祖父祭祀）、血筋の序列、財産分配の問題など、一九二〇、三〇年代の朝鮮の中産階級の風俗図を如実に描き出した『三代』は、変貌する歴史的・社会的状況の中で一九三〇年代を率いることになる趙徳基と金秉和による世代交代がどう成し遂げられるのかと、金秉和とピルスンが属している下層階級と趙徳基が所属している中流階級の内実をリアルに描くことによって当時の朝鮮でのマルクス主義の推移をも描き出している。徳基は秉和の社会主義思想のシンパである。

しかし徳基は自分の生活を変える気はない保守的な現状維持派でもある。徳基の不徹底性は『三代』の限界であり、植民地知識階層青年の限界でもあると言えよう。『三代』の成功は廉想燮が最も良く知悉していたソウル中産階級の生活を正確に描写していたからである。どの部分を叩いてみても虚妄なところがない、と金允植は言う。(32)

一九三六年、満鮮日報の主筆兼編集局長として家族とともに満州の長春（新京）へ赴任した廉想燮は、一九四五年独立を迎えるまでの十余年を満州で過ごし、一九四五年帰国した後は京郷新聞の編集局長をつとめもした。彼は一九二六年に「自分は幸であれ不幸であれ、朝鮮人として生まれたから否でも応でも朝鮮的であるしかない。従って朝鮮人の時代相、朝鮮人の生活人としての感情を離れた捏造された朝鮮人の芸術の存在を否定し、その全てを引き摺っていく勢力ではない一切の努力の価値を否定する」（「時調に関して」、『朝鮮日報』一九二六年十月二十六日）と宣言したことがあるが、その考えに忠実な作品活動を続け、韓国の庶民文学構築に大きな足跡を残したと言える。

おわりに

本稿は本格的な韓国の近代文学を確立させた金東仁と廉想燮を中心に、一九二〇年代の韓日文学交流史を考察したものである。韓国近代文学が日本への留学生によって展開され、確立されたということは一方通行的なものであったにしろ、両国文学の影響関係が成立する条件になる。

本稿では前記の二作家の生涯を考察し、代表作品を分析して日本の大正期文学との交流史を整理してみた。作家はどのような形であれ、外国文学・思潮・文化一般にわたって関係を結ぶようになる。外国作家の影響は往々にして一人の作家の芸術活動を指し示し、形成させる刺激になる場合が少なくない。しかしその受容と全てを濾過したあとの発現は独自のものである。外的な刺激の受容は形成途上にある作家が持っている潜在的な、あるいは半ば意識的な内的欲望を具体化させる契機になりもし、彼が目指す方向を提示しもする。影響を受けたとか、受容したということは、あくまでも作家の原初的気質と内的欲求による主観的な選択である。結果として全てを吸収、濾過したあとに、作家が所属する民族と社会の現状を反映する独創的な文学世界を構築し、「一国民の伝統を他国民の伝統から解放させる、ユニークで個別的な大家が存在する」という事実を、本稿を通じて確かめることができたと考える。

（1）金允植『廉想燮研究』（ソウル大学校出版部、一九八九年）、三七七、三七八、三八八頁。
（2）李康彦「金東仁とリアリズム文学の限界」（『嶺南語文学』、一九七五年）、一〇八頁。
（3）白鉄・李秉岐『国文学全史』（新丘文化社、一九七五年）、金宇鐘『韓国現代小説史』（成文閣、一九八〇年）等参照。
（4）金允植「反歴史主義の過誤」（『文学思想』、一九七二年十一月号）、二九一頁。
（5）Heksell M. Blook, *The Concept of Influence in Creative Literature*, Univ. of Wisconsin Press, 1958, pp.33-34.
（6）R. Wellek & Warren, *Thory of Literature*, Penguin Books, U.N. of Kingdom, 1978. p.53.
（7）金秉喆の『西洋文学移入史研究』全六巻（乙酉文化社刊）の書誌は、以下のようになる。『韓国近代翻訳文学史研究』（第一巻、一九七五年）、『韓国近代西洋文学移入史研究（上）』（第二巻、一九八〇年）、『西洋文学翻訳論著年表』（第三巻、一九七八年）、『韓国近代西洋文学移入史研究（下）』（第四巻、一九八二年）、『韓国現代翻訳文学史研究（上）（下）』（第五・六巻、一九九八年）。一～四巻は一八八五年から一九四五年まで、五、六巻は一九四五年以後をカバーしており、それぞれ詳細な年表とともに一九七〇年代までの翻訳文学史を鳥瞰している。また、重訳の可能性のある場合は原作と一次翻訳を対比、検討も綿密に行われている。五・六巻の現代篇は四巻までに含まれなかった「日本文学」翻訳を別途検討しており、韓日関係の新しいパラダイムを見せている。

（8）田中宏「留学」（伊藤亜人他編『朝鮮を知る事典』、平凡社、一九八六年）、四四七〜四四八頁。

（9）一九一〇年『少年』に掲載された「幼い犠牲」が最初の作品だと言う説もあるが、一般には「若き夢」を最初の小説と見做している。

（10）李光洙は三十年代以後、いわゆる日本言論報国政策のターゲットとなり、一九三九年には、「国語」（日本語）による創作を実践する朝鮮文人協会の会長になり、また一九四〇年代には創氏改名して「香山光郎」という日本名を名乗るなど、一連の「親日行為」に加担した。彼が朝鮮文人協会会長になった背後には、『無情』発表時からの交際があった四二年に大日本言論報国会会長を引き受けた徳富蘇峰（一八六三〜一九五七）の名前が垣間見えるが、ここでは詳説を避けることにする。いずれにせよ、李光洙はその「親日行為」によって一九四五年の解放後「反民族特別行為処罰法」によって裁判にかけられた。彼の死亡年度が明らかでないのは、彼が収監中に起こった朝鮮戦争の渦中、北朝鮮軍によって連れ去られてその行方が知れないためである。

（11）『イソップ童話』なり『ロビンソンクルーソー漂流記』『ガリバー旅行記』等の冒険小説からトルストイの短編集、ユゴーの作品の紹介、バイロン詩集にまでおよぶ多くの作品が翻訳された。金秉喆『韓国近代翻訳文学史研究』（乙酉文化社、一九七五年、二八〇〜三〇二頁）、によればこれらは殆ど日本語からの重訳である。

（12）一九一〇年の日韓併合後、日帝は日本では堂々と販売されている、開化期に翻訳・流通していた『ベトナム亡国史』『西国立志篇』『スイス建国史』『大韓地誌』『国文（朝鮮語）読本』『鉄世界』、さらには、『魯迅選集』『魯迅文集』まで も販売禁止にした。安宇植「翻訳に見る朝鮮の近代」（『文学』第四八巻、岩波書店、一九八〇年十一月）、一三八頁、朴殷植著・朴魯庚訳『韓国痛史』（達成印刷株式会社、一九四六年）、二六八頁。

（13）この部分は、主として拙著「留学と翻訳」（『比較文学』二十五輯、二〇〇〇年）参照。

（14）『金姸実伝』『金東仁全集』二、二七九頁。

（15）「文壇三十年の足跡」『全集』八、三八一頁。

(16) 「三・一から八・一五」『全集』十、五五頁。
(17) 金宇鐘『作家論』(同和出版社、一九七三年)、九頁。
(18) 『女人』『全集』二、一八二頁。
(19) 「私は善と美、相反する両者の間で一致点を発見しようとした。私はすべてを美の下に置こうとした。私の欲求は美だ。私の行動は美だ。何故そうかと言えば、私の要求から発したのだから」(「韓国近代小説考」『全集』八、六〇二頁)。
(20) 瀬沼茂樹、『近代文学必携』(学燈社、一九七四年)、五〇頁。
(21) 武者小路実篤「白樺の運動」(『武者小路実篤全集二五』、新潮社、一九五三年)、九五頁。
(22) 「韓国小説と韓国キリスト教」(『現代文学とキリスト教』所収、文学と知性社、一九八四年)、七五頁。
(23) 金允植『韓国近代作家論攷』(一志社、一九七四年)、三一頁。
(24) 金興圭「荒廃した英雄主義」(『文学と知性』、一九七七年春号)、二二八頁。
(25) 小宮豊隆「谷崎潤一郎君の刺青」(『文学会議』、一九一七年七月号、博文館)、一四三頁。
(26) 李炯基「金東仁」(『月刊文學』、一九六九年六月号)、二一一頁。
(27) 廉想燮「文壇回想記」(『思想界』、一九六二年十一月号)。
(28) 趙榮岩『韓國代表作家傳』(水文館、一九五三年)、一七四頁。
(29) 金允植『廉想燮研究』、三〇頁。
(30) 金東仁「朝鮮近代小說考」。
(31) 金治洙「自然主義再考」(『現代韓國文學の理解』、民音社、一九七二年)。
(32) 金允植『廉想燮研究』、五九二頁。

第二章　詩をめぐる交流

白鳥省吾『地上楽園』と金素雲「朝鮮の農民歌謡」

上垣外憲一

金素雲と朝鮮民謡

金素雲《キムソウン》（本名、金教煥《ギョファン》　一九〇八～一九八一）の代表的業績と言えば、岩波文庫に収められた『朝鮮詩集』『朝鮮民謡選』『朝鮮童謡選』があげられるであろう。その三つの翻訳集のうち、岩波文庫版『朝鮮民謡選』と『朝鮮童謡選』は、ともに一九三三年（昭和八）に出版されているが、朝鮮民謡について言えば、一九二九年（昭和四）に泰文館から出版された『朝鮮民謡集』が、岩波文庫版に先行している。泰文館版『朝鮮民謡集』は、北原白秋の序文、山田耕筰の採譜、岸田劉生の「童子傀儡図」の木版画を添え、全羅道三の鉄板紙で装丁した豪華版であった。無名の新人であった金素雲にこのような出版が可能になったのは、出版界に影響力のある北原白秋の後援にあずかって力があったのは言うまでもない。(1)

ところで、金素雲が朝鮮民謡、童謡の日本語訳に入り込むきっかけとなったのは、詩人・白鳥省吾の主宰する雑誌『地上楽園』に一九二六年（昭和二）「朝鮮の農民歌謡」と題する文章を連載したのが、最初である。その時のことを、後年の自伝的エッセイ『逆旅記』（一九六〇年、ソウル新聞連載、のちに単行本『天の果てに生くるとも』、一九六八年）には、次のように記している。

白鳥省吾という詩人が主宰する詩雑誌『地上楽園』に「朝鮮の農民歌謡」という文章を書いたことが機縁となって、その詩誌の同人と知り合いになった。私の書いた文章が意外に好評だったということで、次の号の編集後記には、「会う人ごとに金素雲の文章が話題となった」と書いてあった。
一回で済ますつもりだった、「農民歌謡」を連載することになり、結局六回を引き延ばした。民謡と私のかかわりがこうして生れ、これをきっかけに韓国の口伝童謡、民謡を収集することに情熱をかたむけるようになった。(2)

少年金素雲の文学遍歴

この当時十八歳だった金素雲の文学歴を素描してみると、梁啓超『越南亡国史』に感動した十歳の少年時代は、ここでは置くとして、一九二四年（大正十三）にソウルで帝国通信京城支社に就職した際に、韓国近代詩の草分け的な人々との交際があったことが、その後の金素雲にとって、最も大きな出来事であったと言える。『天の果てに生くるとも』にあげられた詩人の名前のうち、金素雲が特筆して回顧しているのは、呉相淳《オサンスン》（一八九三〜一九六三）、趙明熙《チョミョンヒ》（一八九五〜?）などである。ソウルで十五歳近くも年上の詩人たちに親しく接した金素雲は、同じ年、釜山に移って朝鮮日報通信員となり、詩集『出帆』を印刷するが、印刷費を納められず、この出版

は流産してしまった。(3)

この詩集流産の後、大阪に渡った金素雲は、関東大震災で壊滅的打撃を受けた東京に代わって、新しい文化的機運の盛り上がる関西の文芸状況に接することになる。金素雲の回想に現れる当時の雑誌の名前は女性誌『苦楽』(4)である。『苦楽』は、同じく女性誌である『女性』と並んで、一九二〇年代のいわゆる「阪神間モダニズム」を代表する雑誌であった。まず雑誌に採用されたデザインが人々を惹きつけた。山六郎・山名文夫・橋文二・前田貢らによるエディトリアルデザインやタイポグラフィが一世を風靡した。さらに執筆陣は当時最も油の乗りきったといえる日本の作家たちが目白押しという豪華さだった。すなわち、幸田露伴・泉鏡花・永井荷風・与謝野晶子・吉井勇・山本有三・今東光・徳田秋声・谷崎順一郎・室生犀星・岸田劉生・稲垣足穂らである。

金素雲は民謡に分け入るその直前の一時期に、関西に栄えた「阪神間モダニズム」の息吹に浸っていたこともあった、ということである。同時に金素雲があげている詩人の名前は百田宗治（一八九三〜一九五五）である。金素雲の回想によると百田宗治からは詩集の序文までもらったが、その出版は校正刷りがでたままで、またもや流産してしまった、という。(5)百田宗治は、福田正夫の主宰する詩誌『民衆』によって、白鳥省吾・富岡砕花などとともに民衆詩派の詩人と目された一人である。民衆詩派は、ホイットマンのデモクラシー精神を受け、平明な言葉で市井人・農民・土などをとりあげた点に特徴があるが、百田宗治は、詩誌『椎の木』（一九二六＝昭和二年）あたりから、モダニズムを取り入れた俳句的な表現に移っていくとされる。ちょうど、この直前の時期の百田宗治と金素雲は出会ったのである。

白鳥省吾『地上楽園』と民謡

白鳥省吾の主宰する『地上楽園』は、大正十五年（一九二六）六月に創刊されている。百田宗治と同じ『民衆』によった白鳥省吾であるから、金素雲は大阪で度々会ったという百田宗治から、白鳥省吾についていろいろ話を聞いていたに違いない。そうでなくとも、『地上楽園』創刊当時の白鳥省吾は、詩壇の一方の指導者として名声赫赫たる存在であったと言える。

民衆派の詩人として世に出てからの白鳥省吾の著作の主なものを並べてみれば、大正後半期、一九二〇年代の白鳥省吾がいかに生産的、精力的に活動していたかが伺われるであろう。

大正八年（一九一九）『ホイットマン詩集』白鳥省吾譯 新潮社、『民主的文藝の先驅』白鳥省吾飜譯・著 新潮社

大正十年（一九二一）『樂園の途上：新作詩集』叢文閣、『詩に徹する道』日本評論社出版部、『雲雀の巣』精華書院

大正十一年（一九二二）『日本社會詩人詩集』福田正夫編著 日本評論社出版部、『日時計：白鳥省吾散文詩集』抒情詩社、『泰西社會詩人詩集』白鳥省吾ほか訳・福田正夫編 日本評論社出版部、『愛慕』新潮社

大正十三年（一九二四）『現代詩の研究』新潮社、『批評類例國語讀本の詩の味ひ方』東京出版社、『童謠讀本』白鳥省吾編 巻一～巻五 東京出版社

大正十四年（一九二五）『春の扉：白鳥省吾小曲集』東華書院、『童謡の作り方』金星堂、『土の藝術を語る：

感想集』　聚英閣
大正十五年（一九二六）『野茨の道：白鳥省吾詩集』　大地舎、『詩と農民生活』　春陽堂

これが、大正十五年六月に詩誌『地上楽園』を創刊するまでの、白鳥省吾著作一覧であり、民衆派から社会詩人というレッテルの変化はあるとしても、平明な詩語によって民衆に近い感性を持って詩を作っていくという方向性は、一貫している。ともあれ大正十一年の本の題名に『泰西社会詩人』あるいは『日本社会詩人』と、それぞれ言うように、この時期、ロシア革命への憧れを大きな動機として、日本の若い知識人に社会主義思想が猛烈な勢いで浸透しつつあったことと呼応して、民衆派から社会派へという、思想上の力点の移動は、かなり明らかであろう。

その一方で、童謡の作り方のような、童謡の大正詩壇における流行にも、白鳥省吾はかなり深く参画している。

このような流れから言って、『地上楽園』においては、民謡が極めて重視され、多く民謡に関する報告が誌上に掲載されているのは当然である。地上楽園という雑誌の命名は、もちろん、イギリスの社会主義芸術家、ウィリアム・モリスの物語詩で最高傑作とされる『地上楽園』（一八六八～七〇年刊行）に由来している。モリスは『泰西社会詩人』の代表だったのである。

大正十五年六月の『地上楽園』創刊号の「詩壇雑記」がある。この中に『地上楽園』の誌名をつけた経緯が「地上楽園の方針」として記されている。

「地上楽園」とは人も知るごとくウイリヤム・モリスの伝説叙事詩集の名であつて、私がホイットマン、カアペンタアに引き続いて芸術的社会主義者のモリスの思想と芸術に傾倒していることは久しいもので、その熱愛は今日と雖も変わらない、モリスに対する長論文を「早稲田文學」に発表したのは、大正十年で、モリスはその当時は今のやうに普及していなかつたのである。私が「地上楽園」の名を地下のモリスから無断借用するのは甚だ済まなくも思ふが、極東の一青年の紀念でもあると思つて恕してもらひたい。(6)

この文章によると、白鳥省吾は早くからウィリアム・モリスに関心を持っており、すでに大正十年（一九二一）には、モリスに関する論文を発表していたという。「民衆派」時代の白鳥省吾の目標とする詩人たちが、この「地上楽園の方針」にも現れるホイットマンであったが、社会主義が若い知識人たちの間に大流行した大正末年のこの時期には、モリスこそが、仰ぎ見るべき先達とされたのである。

モリスは、「民衆芸術」の唱道者であったが、その影響下に、関東大震災で京都に移った柳宗悦が、いわゆる庶民の生活具「下手物」の美を発見して民芸、すなわち民衆芸術を唱道するのが大正の最末期であって、『地上楽園』の創刊の時期に重なってくる。

白鳥省吾自身、『地上楽園』創刊号の冒頭において、『叙事民謡の研究』(7)という論文を発表しており、この『地上楽園』誌における民謡の重要性をはっきりとさし示している。「青森の民謡」「秋田の民謡」といった日本の各地方の民謡の探訪、採集ものが、『地上楽園』誌上にはいくつも現れる。民謡の紹介は、『地上楽園』において歓迎される話題であったことは間違いがない。

「朝鮮半島と私」への反発

そうであるから、自身の詩集の出版という希望に燃えていた金素雲は、『地上楽園』の創刊当初から、この詩誌を購読していたと考えて良い。ただし、金素雲が自身「朝鮮の農民歌謡」の中で確かに『地上楽園』で読んだと言っている「朝鮮半島と私」という詩は、大正十五年八月号に載せられている。この朝鮮に住む日本人の書いた「朝鮮半島と私」について、昭和二年(一九二七)一月号に載せられた金素雲「朝鮮農民歌謡」では、次のように述べている。

いつぞや、「地上楽園」の新詩欄で「朝鮮半島と私」なる題下の一篇を讀んだことがある。よくは覺えないが、なんでも「生命の流動鈍き未開の半島」とか、何處を見廻しても藝術的なところのない云々の文字が列べられてあったと記憶する。(8)

ここで金素雲が言っているのは、『地上楽園』大正十五年八月号に載せられた大桑文蔵の詩である。大桑の描く朝鮮半島の風景は、だらけた、美観というもののおよそない、退屈で異質で飽き飽きする存在である。金素雲の引用している部分の一連は以下のようなものである。

赤い山肌、低い藁葺きの屋根、白衣の鮮人
すべてが単調で、退屈な

生命の流動が鈍く
どこを探しもとめても藝術的なところのない
殺風景な半島――。

これに美観の乏しい半島という次の一連が続く。

白い濁酒、赤い蕃椒、青いにんにくの
異様な臭気が充満し
清い流れもなければ
あまり美しい花も咲かない
美観に乏しい半島――。(9)

朝鮮半島を形容する大桑の言葉は、すべて否定的である。「内地での失敗者、性格破産者、駆落者集ふへんてこな半島」……。五月になれば道路の両側のポプラ並木は青葉になるが、「その中を毎日往復するボロ自動車にあとを追つかけ歓呼しながら鮮童群れる未開の半島」。朝鮮半島は美観もなく、芸術性もなく、へんてこで、この朝鮮半島の生活と風景にまったくなじむことのできなかったこの日本人は、ただひたすら朝鮮の風景が厭わしいのである。

外国生活への不適応症候群を露わにしているこの自称詩人には、朝鮮の生活を愛するものであれば、この上なく懐かしいものであるだろう、濁酒の白や唐辛子の深くきつい赤や、にんにくの臭いもただひたすら厭わしいものなのだ。

それはまあ、不適応として許せるとしても、金素雲が許せなかったのは、立派な芸術が今もあり、民衆の中にも確かに息づいている、朝鮮半島の「芸術性」の否定なのだった。すでにソウルで勃興しつつある朝鮮の近代史の胎動を知っている金素雲としては、朝鮮が芸術性に欠けた国であるとは、到底我慢のできる言辞でなかったろう。

それも、「朝鮮半島の私」の作者が朝鮮語が出来なくて無知であるとすれば、まあ仕方ないかも知れない。しかし、民衆の生活そのものである藁葺きの屋根や白い濁酒までけなされては、朝鮮人はその基層文化からして、民族の源流からして、芸術性に欠如した民族であるとされてしまう。

「朝鮮の農民歌謡」

ともあれ、金素雲を「朝鮮の農民歌謡」の執筆へと駆り立てたのは、このような朝鮮在住の日本人の、朝鮮人とその生活に対する無知と偏見を露骨に表現したこの「朝鮮半島と私」という一篇の詩であったが、すでに植民地統治下の朝鮮で、横暴、傲慢な日本人のふるまいをいやというほど見せつけられていた金素雲は、そのうっぷんのすべてをこの詩への怒りに注ぎ込んだという感がある。ともあれ、金素雲の批判は、朝鮮を知らない、その芸術を知らない日本人の無知に向けられる。

神功皇后や加藤清正に征伐された五百年の昔日、日本の文化を指導した先進国としての朝鮮を記憶するものが幾人いやう。五百年前のことを引き出して威張らうとは夢思つていないが、藝術のない國だなどと亂暴な口をきかれるのは心外である。謂つちや悪いが日本人はうぬぼれが早過ぎる。僕等の見る所決して賢明ではないやうだ。もつと朝鮮を理解してもい丶だらう。今日までのやうに悪ごすく光らした眼ざしでなしに、眞の意味に於ける誤りない理解を持つてくれるもいいと思ふ。(10)

「謂つちや悪いが」、と言った口語的な言い回しも、何気なく入れて嫌みでないところなど、金素雲が既に日本語を自由自在に操れるようになっていたことも文章から推し量られる。この「朝鮮の農民歌謡」では、比較的長い「思親歌」をまず翻訳紹介しているが、全羅道の代表的な民謡である「リュクチャペキ（ユクチャペギ）」を入れ、さらに「アラング」の紹介では、ハングル活字を用いて原詩も入れている。ハングルを日本語に挿入するのは、普通の日本の印刷所では即座に出来ることではなかったろうから、この文章が活字になるまでの間にある程度の準備期間と編集者との交渉があって、掲載にいたったことが想像される。全くの新人で、しかも朝鮮人という金素雲が、当時相当に注目される詩雑誌であった『地上楽園』に原稿が掲載されるには、何らかのコネがなければあり得ないことで、そのあたりに事情を垣間見させる文も、初回の「朝鮮の農民歌謡」には現れている。

それは、「アラング」の終わりに用いられる繰り返しの意味が、ほとんど無意味と言ってもいいこと、つまり日本民謡の「サノサ」とか、「コラサ」に意味がないようなものであると説明している個所がある。その部分で大正十五年に春陽堂から出された『日本民謡大全』の終わりに三頁ほどの「韓国の部」があり、その翻訳に於いて繰り返しの意味のない部分を、意味があるもののごとく、「あゝ悲し、堪え難く悲し」などと「出鱈目」に書いていると指摘しているが、そのことを「白鳥先生と大笑いをした」と金素雲は記している。『日本民謡大全』は、大正十五年十月に出されているので、二ヶ月後の昭和二年一月号の原稿を書くまでの間、つまり大正十五年十月か十一月には、金素雲は白鳥省吾に直接会っており、そこで民謡大全の朝鮮の民謡の翻訳が出鱈目であることを指摘して、金素雲の実力を知らしめていたということが分かるのである。[11]
白鳥省吾と旧知の間柄であった百田宗治は、金素雲に詩集の序文を書くような間柄であったのであるから、先にも推定したように、百田宗治が金素雲を白鳥省吾に紹介した人物として、最も考えられる存在であろう。
「朝鮮の農民歌謡」の初回を掲載した昭和二年一月号の『地上楽園』の編集後記には、次のように金素雲（この時は本名の金教煥で執筆）は、この時から半年ほど前から東京に来ていると紹介されている。

「朝鮮の農民歌謡」を紹介した金教煥氏は釜山附近に生まれたが、現に半年ほど前から東京に来住してゐる人で、非常な意気込みをもつて執筆され一ヶ年以上も継続して出したいと言つてゐる、本号のは序論とも言ふべきもので、やゝ主観を混へたことを弁明されていたが、次回からは純正なる報告的態度を取る由である[12]

「やや主観を交えた」という点は、『地上楽園』の前年八月号に掲載された、朝鮮嫌い丸出しの「朝鮮半島と私」に惹起された亡国の民の悲しみ、怒り、反発の感情がいささかストレートに出過ぎた点を、あるいは誰かから指摘されて、弁明をしたものであろうが、しかし、その感情を露わにした部分もボツにしたわけでもなかったことが、ここに明らかである。感情のほとばしったような部分を引用してみよう。

朝鮮の藝術、おゝ何處呻いているのだらうか。自分にはその呻きが聞こへてくる、弔歌に送られる滅ぶるもの、姿が見えてくる、こんなにまでみすぼらしいものなのだらうか、曾ては生命に輝いた悦びの朝もあつたものを。[13]

「朝鮮の農民歌謡」が好評を持って迎えられたのは、金素雲の朝鮮民謡の翻訳が、後に北原白秋に絶賛され、単行本として出版の運びになることで知られるように、卓越した出来映えであったことに起因する部分が大きいであろうが、また自己の感情を率直に表出するその書きぶりに魅力を感じた人々もまたあったであろう。

発禁への恐れ

もう一つ、社会主義的な傾向の強い読者には、朝鮮の歌謡の持つ鋭い風刺が魅力であったということも、考えられる。初回の「朝鮮の農民歌謡」では、朝鮮の農民から土地を収奪したとして怨嗟の的になっていた「東拓」すなわち東洋拓殖会社への恨み節も載せられている。

鬼の東拓呪はにや置かぬ
　畑とられてまた別れ
　　×
遠い北海道で山掘らすのも
　憎い東拓さしたこと、
　　×
何を恨もか國さへ滅ぶ
　家の滅ぶに不思議ない、(14)

これは「渡日労働者」を唄ったものであるという。朝鮮の故郷を離れて北海道の鉱山でつらい労働に服しているものたちの恨みであって、東洋拓殖会社は「鬼の」、「憎い」と、名指しで怨嗟されている。これなどは、国策会社、東洋拓殖の非を衝いたもので、朝鮮の植民地統治に対する露骨な批判とも取ることができ、下手をすれば発禁処分にもなりかねない、危ない翻訳と言える。「何を恨もか國さへ滅ぶ」と、土地を奪われて家が滅びるのも、朝鮮という国が滅びたせいだ、という日韓併合、日本の朝鮮植民地統治がそもそもこの悪の根源である、という言辞になると、危なすぎると言っても良いくらいである。金素雲の弁明としては、労働者たちの歌を翻訳しただけといっても、何故それをわざわざ紹介したのか、という当局側の疑念はまぬかれないだろう。

発禁になるような危険を冒せない編集者と、言いたいことを言いたい金素雲の間で、出すな、出したいという押し問答があったのではないか。それが、「や、主観を混へた」がそれは、次の号ではもっと客観的な「純正な報告」の形にするから、これは序論だから、という「弁明」の辞を編集後記に入れることになった原因であろう。

だが、結局、主観的な部分もかなり含んだ金素雲の文章は読者には極めて好評だったのである。次の二月号の編集後記には次のように、「朝鮮の農民歌謡」が会う人ごとの話題となったとその好評ぶりを伝えている。さきの「弁明」の後に続く文章を引用すると以下のようである。

これ等の民謡を見てもいかに日鮮の感情の相似しているかに驚かるゝ位で、藝術は國境を越へると言つても吾々が泰西の詩をよむよりはよほど感じが近いのである。この興味ある民謡を読まば誰しも藝術からはいつてゆく日鮮親愛の念を感ずるであらう。(15)

金素雲の「朝鮮の農民歌謡」を読んで、これが「日鮮親愛」の文章と感ずる読者は当時も今もほとんどいないだろう。金素雲は、植民地朝鮮に支配者として住んでいる日本人の朝鮮侮蔑に反発したのがそもそもの文章執筆の動機であるし、日本の民謡にも決して負けない芸術性が朝鮮の民謡にもあると主張する、日本に対する朝鮮人の誇りとナショナリズムが、この文章の精神であると言って良い。そこには、東洋拓殖会社の土地収奪という社会主義者が飛びつきそうな話題まで込められている。

こうしてみると、この文章の主題が「日鮮親愛」にあるといういささか不自然な物の言い方は、当局の検閲の嫌疑を逃れるための、編集者による言い訳の言辞に違いないと推定されるのである。関東大震災の時の、朝鮮人虐殺事件について、当局も神経質になっていて、それでことさら「日鮮親愛」といった標語が、当局に歓迎される言葉に当時なっていたものと思われる。逆に、日鮮憎悪に繋がる言説は、極めて不穏、危険なものであるのである。

社会主義的言辞が、当局の検閲の対象になっていたことはもちろんで、はっきりと社会主義を表看板にしていた当時の代表的な雑誌「進め」社の運動に関わった者の回想によると、発禁が何時出るかわからないので、警察に押収させるために、わざわざ何百部も残しておいたのだという。

……そして必ず三〜五百を残しておく。これは、発禁処分を受けると警察から必ず押収に来る。その時に二百部か三百部を渡してやるためで、言うなればその場の警察の顔を立ててやるために残して置くようなものであった。そうすると彼らは町の書店にまで立ち入って押収などしないで済むのである。(16)

この文章を引用した大正末期の社会主義運動の大隆盛ぶりを伝える『「進め社」の時代』によると、地方都市に出向いて社会主義の講演会をやれば大入り満員、革命歌を歌えば黒山の人だかり（警察も飛んでくる）で、雑誌やパンフレットを売れば（『進め』は一冊五十銭）二十部や三十部はすぐに売れて、その日の宿代や旅費などが楽に出たという。

逆に当局も社会主義系の雑誌には目を光らせていて、しばしば発禁処分が行われた。そのため、印刷所では危ない雑誌の印刷を引き受けたがらず、印刷代も普通の雑誌よりは高い相場でなければ、印刷所は引き受けなかったという。「新聞紙法」によって政治、社会の記事を載せる雑誌はあらかじめ千円の供託金を政府に納めてあり、罰金などを支払わないと、その供託金から没収されるという仕組みであって、発禁処分にされれば、たちまち雑誌社は倒産ということになるのであった。「進め」社が、たびたびの発禁処分に遭いながら持ちこたえられたのは、同じ時、大正十二年一月に創刊された『文藝春秋』が発行部数三千部であったのに対し、『進め』は一万部の発行部数を誇っていたという[16]、例外的な大部数を購読する読者たちの支持が篤かったからなのである。中小の雑誌では、発禁処分に遭えば、即、倒産の危機に瀕するのであった。明らかに、現在の朝鮮人労働者の日本支配に対する敵意を表した「民謡」の翻訳は、危険行為で、当局による「弁士中止」＝発禁にはならなかったが、「弁士注意」はあったものと考えられる。少なくとも編集者としては、発禁に繋がるような政治的、社会的言辞については、自己規制を行う必要を感じてきたことが、『地上楽園』昭和二年一月号の編集後記の書きぶりからは窺える。

連載されたことについて

金素雲「朝鮮の農民歌謡」は、連載されており、四月号まで、毎月掲載された。二月からのものには番号が入り、二月号は「朝鮮の農民歌謡（二）」となっている。ところで一月号の初回については（一）とはなっていないので、ただの「朝鮮の農民歌謡」である。これは、全くの新人である金素雲に連載をさせるということに、編集側でも自信が持てず、毎号続けて書くという形も『地上楽園』では主催者の白鳥省吾を除いては、ほとんどない雑誌の普段の体裁からしても、当初、編集者は金素雲に連載させるかどうか、決めかねていた模様である。

一月号の編集後記には、金素雲の言として、「非常な意気込みをもって執筆され一ヶ年以上も継続して出したいと言っている」ということを伝えている。つまり連載を希望しているのは、金素雲の側であるということを示している。編集者は、金素雲の希望に対して、いいとも悪いとも、何とも言っていない。白鳥省吾は金素雲に直接会って、彼の才能を認めていたが、かといって連載を任せきるほどの信用ではなかったことが、見て取れる。第一回の「朝鮮の農民歌謡」に（一）という連載を示す番号が振られていないのは、当初の編集者の意図は、一回読み切りということである。しかし、作者本人は非常な意気込みで、一年以上も連載できると言っているのは、もしも第一回の評判が良かったら、本人の希望通り連載しても、という編集側、恐らくは、金素雲を買ってくれていた白鳥省吾の意志表示であったと思われる。

編集側の予想通りか、意外にも、か、かなり危ない言辞も含んだ金素雲の「朝鮮の農民歌謡」は、読者に好評を博した。それは、次の二月号の編集後記に次のように特筆していることから知られるのである。

新年号は極めて好評であった。殊に金敎煥氏の「朝鮮の農民歌謡」が遇ふ人毎の話題となった。(17)

この間の事情を、金素雲自身の後年の回想『天の果て生くるとも』では、次のように言っている。

私の書いた文章が意外に好評だったということで、次の号の編集後記には、「会う人ごとに金素雲の文章が話題になった」と書いてあった。一回ですますつもりだった「農民歌謡」を連載することになり、結局六回に引きのばした。[18]

連載になったことは、最初からの約束でないことはここにも語られている。しかし、金素雲の側から連載するという意志が最初から表明されていたという編集後記の記述とは、ややずれている。これは、編集後記を信じて良いであろう。自分が「原稿の押し売り」をしていた、とは後年になってからあまり書きたい話題ではないから。

金素雲は、多少強引に自分は連載十二回以上もしたいのだ、と売り込んでいた。しかし、編集側、あるいは白鳥省吾本人は、とてもそこまでは、という態度。しかし、本人が「非常な意気込み」であるので、では最初の文章の評判を見て、連載にするかどうか、決めよう、ということ。それにしても、雑誌の編集側も、金素雲の才能は原稿を見て相当認めていたからこそ、一年以上も書く、という本人の言を、わざわざ載せたのである。編集の側でも、意見が割れていたのであろう。連載にしてもいいかも知れないが、でも読者が朝鮮ものをどうとるかが心配だ、ということである。

ところが、結果は果たして大好評ということであった。読者に認められたという形での、執筆者としての事実上のデビューと言って良く、金素雲の生涯にとっても画期的な出来事であった。また金素雲の業績の内でも重要な柱の一つ、朝鮮の口伝民謡の収集とその翻訳の最初の契機を作ったということからしても、重要である。

民謡収集のライバルたち

金素雲の「農民歌謡」が読者の好評に迎えられたという言葉に続いて、昭和二年二月号の編集後記には、次のように、朝鮮においても、朝鮮の民謡研究が始まって、同じ昭和二年新年号にも、『眞人』という短歌雑誌が「朝鮮民謡研究号」と題されていることを、報告している。また朝鮮総督府にも収集の動きがあるという。

朝鮮から発行されている『眞人』といふ短歌雑誌でも偶然にも新年号が「朝鮮民謡研究号」があって崔南善氏他十名の人が百餘頁に亘って執筆している。然し手前味噌を言ふのではないが、本誌の金氏ほど纏まったものはどれにも見られなかった。向うでも民謡蒐集の機運が動いているらしく總督府なども集めているとのことである。(19)

金素雲も『眞人』の朝鮮民謡研究号は気になっていたと見えて、「朝鮮の農民歌謡（三）」において、わざわざ「『眞人』について一言」という章を設けて、その研究内容の貧困、語学的知識の貧困を批判している。朝鮮語では、「食う」という意味の語を助動詞的に頻繁に使うことから、この民族は肉体的生活を持続するという願望しかないと決めつけた論文については、次のように啖呵を切って、やっつけている。

「食う」の頻用についての例示は、次のようなものである。

（鮮語）　（国語）

習い喰ふ　　　習つて
了解して喰ふ　了解して呉れる
賣つて喰ふ　　賣つて仕舞ふ(20)

こうした「喰う」の意味の動詞を頻用するからといってその民族が食いしん坊とは断定できない例のあげ方が日本語の達人であらゆる口語的表現、江戸弁にも通じていた金素雲の面目躍如たるところである。

「日本人は風を喰つて逃げたり、面喰つたりするさうな」と傳へるものがあつたらどうだらう、これほど可笑しいことがまたあらうか、この論法でいくなら「喰へない野郎だ！」と怒るところからみて日本人は喰人種かも知れない譯だ。(21)

また白鳥省吾と大笑いしたという『日本民謡大全』に載る朝鮮民謡の来歴も「朝鮮の農民歌謡（一二）」で、追求してもう一度、そのいい加減さにだめ押しをしている。

しかし、朝鮮民謡収集についてその先達として金素雲も認めざるを得ない存在についても、「朝鮮の農民歌謡（一二）」で金素雲は触れている。触れているばかりか、そのままその翻訳を引用して紹介している。それは与謝野鉄幹の時調の翻訳である。はるかに古く明治二十九年（一八九六）に鉄幹の出した詩集『東西南北』に「韓謡十首」として、朝鮮の詩調の翻訳が収められているものから、三篇を金素雲は与謝野訳のまま紹介している。与謝野鉄幹の翻訳については次のように賞賛している。

朝鮮民謡らしいもので最初に日譯されたのは、与謝野寛氏が明治二十九年の夏明治書院から出した詩歌集「東西南北」の巻尾に「韓謡十首」として出した數篇を以て嚆矢とする、譯は文語體で民謡としては受け取り難い程感じが上品だが、如何にも氏らしいうまさで上手なこなし方がしてある。(22)

さすがに金素雲の評するごとく、与謝野鉄幹の詩調の翻訳は優れたもので、金素雲としても訳の出来映え自体には、けちをつけることは難しかったのである。ただし、これは韓国の和歌である詩調であって、民謡ではないから、与謝野の「韓謡」という呼称はおかしい、と食らいついているのは、自分の記事の主題が農民歌謡すなわち民謡であることからの、いささか的外れの批判である。何故なら、与謝野鉄幹は『東西南北』において、これを韓国の詩調として紹介しており、それは彼の愛した妓生から直接習ったものであった。それは宴席で妓生によって謡われるものであったので、鉄幹はそうしたものとして詩調に接した体験から言っている。「歌われるもの」として「謡」と名付けたのは別に鉄幹の間違いではない。鉄幹は「民謡」を意味して「謡」と呼んでいたのではないからである。

ともあれ、金素雲は三十年も前に朝鮮の詩歌を日本に紹介したことについて、与謝野鉄幹に素直に謝辞を捧げている。

これらは朝鮮の和歌ともいふべき詩調であつて民謡では決してない、それを韓謡として紹介されたのは明らかに鐵幹氏の手落ちと謂へよう、然し自分はその不服よりも先だつて朝鮮の詩歌が三十年前に氏によつて日本に示されたことをとも角感謝したい。(23)

与謝野鉄幹は三十年前の先輩であり、比べる必要もない大家であり、また『眞人』の朝鮮民謡研究号もかなり杜撰なもので、恐るに足らず。また、『日本民謡大全』のいい加減さは最初から「大笑い」の種であった。ただし、自信満々の金素雲も、自分に先行する年長の朝鮮知識人の存在を知って、いささか狼狽していた様子が、やはり「朝鮮の農民歌謡（二）」に見えている。それは韓国民俗学の草分けとしても知られている孫晋泰《ソンジンテ》（一九〇〇〜？）である。孫晋泰は、この金素雲の「朝鮮の農民歌謡」の連載が始まった頃、早稲田大学の史学科に在学中であった。孫晋泰について、「朝鮮の農民歌謡（二）」において、次のように金素雲は書いている。

> それから釜山の呉澤氏に紹介されて早大の孫晋泰氏とも知ることが出来、氏が長年集めておいた童謡材料等も快く貸して頂けて感謝に耐へない。朝鮮人で民謡を日本に紹介したのは自分が最初である如く信じていたのに、どうして、孫氏は月刊雑誌「東洋」に三度までも朝鮮の詩調や子守唄等を紹介してゐられる、今更ながら自分の軽薄を深く恥じた次第である。[24]

自分が朝鮮民謡を日本に紹介した最初の朝鮮人だと威張っていたところが、もうすでにそれをやってのけた人がいた。それが孫晋泰だったのである。しかも、彼からは「長年集めておいた童謡材料[24]」まで提供してもらって、この号の翻訳に使わせてもらったという体たらくであった。

さらに、二月号の編集後記でも紹介されて、金素雲の文章の方がはるかにまとまっていると、比較された『眞人』の朝鮮研究号からもいくつか材料を引いていることも、金素雲は、改めて（もっと良い）訳をつけたのだ、といいささか弁明気味に語っている。

翻訳の出来映え、その日本語に関しては恐らく他者の追随を許さぬという自信は揺るがなかったであろうが、翻訳の材料の仕入れに問題がある、ということを思い知らされたのである。

連載打ち切り

一年以上連載するつもりであったが、実は金素雲の連載は四月号まで続いたが、連載五回目つまり「朝鮮の農民歌謡（五）」は、五月号には載らなかった。五月号の編集後記には次のように記されている。

金教煥氏も気分轉換と稱して四月上旬からやく一ヶ月の旅に出られたので、「朝鮮の農民謡歌（ママ）」も締め切りに間に合わなかつた。[25]

雑誌の締め切りに間に合わないというのは、どのような理由があろうとも取り返しのつかない失態である。気分転換のための旅行と言っているが、大事な雑誌の連載中にそれはないであろう。恐らく、翻訳の材料となるべき民謡収集の旅に出たのだが、それは朝鮮が第一の目的地であったと考えられるが、この「気分転換」旅行に関する史料は全く現在の所見あたらないので、朝鮮に行ったかどうかも不明である。六月号の「朝鮮の農民歌謡（五）」においては、「若い婦女のうたふ謡」を集めたとして、いくつもの民謡の翻訳を見せていて、相変わらず翻訳は見事であるが、説明の文章は極く少なく、他の民謡研究や朝鮮文化認識の出鱈目さを糾弾する最初の頃の切れのいい金素雲節は全く見られず、調子が明らかに下っているのは、否めない。

編集後記は、五月号の編集後記の書きぶりを見ると、白鳥省吾その人が書いていると見られるが、材料を探しに出かけたとは書けないので、「気分転換」とごまかしているのであろう。自分がその能力を買って、連載をまかせた金素雲が、材料探しに苦労して連載を一回抜かすとは、おそらく雑誌の他の同人たちにも弁明しにくかったであろう。

昭和二年七月号は、「民謡特集」であるから、もちろん朝鮮の民謡が専門である金素雲が登場しなければならないはずだが、金素雲の文章は七月号にはない。その後も金素雲は『地上楽園』に登場することは二度とないのである。

六月号に載った「朝鮮の農民歌謡(五)」の最後には(つゞく)となっているが、それは金素雲の願望をあらわすに過ぎず、以後の連載は編集者によって、つまり白鳥省吾によって打ち切られたと見ざるを得ない。

どん底の極貧生活をしていた金素雲にとって、連載の打ち切りは経済的にも大きな打撃であったはずだが、十八歳の若者には、精神的にもショックであったろう。何とか連載を続けさせてくれという金素雲と編集者として打ち切りを宣告せざるを得ない白鳥省吾の間に相当不愉快な、気まずいやりとりがあったものと思われる。金素雲の自伝エッセイ『天の果てに生くるとも』には、このとき知り合った『地上楽園の同人』、例えば『朝鮮民謡選』の序文を書いた中村恭二郎との「その後」の交際については、記しているが、白鳥省吾の名前は二度とその後に現れない。

よく知られている北原白秋の家に「朝鮮民謡」の原稿の束を抱えて、夜分に押しかける事件についても、もしも白鳥省吾との交際が、『地上楽園』の連載打ち切り以後も続いていたら、白秋と交際のあった白鳥省吾が、当然紹介していてくれたはずで、無礼な夜討ち的押しかけ訪問を金素雲が敢行する必要はなかったであろう。まだ若くて血の気の多かった金素雲は、連載打ち切りした白鳥省吾の苦しい立場も察せず、白鳥への恨みを含んで訣別したつもりだったのだろう。

民謡収集への情熱

しかし、一度は当時の代表的な詩雑誌の一つに連載したという栄誉の思い出とともに、それを屈辱的な打ち切りにあった、という敗北の苦い思い出こそ、北原白秋の家を訪問するまでに、自らの努力によって収集した朝鮮民謡の翻訳を本の形に作りあげるのだ、という激しい情熱の源泉となったものであったろう。私（上垣外）が金素雲『天の果てに生くるとも』を翻訳していて、最も印象的で心に残っている一節は、金素雲が東京の下町で朝鮮人労働者から、朝鮮民謡の聴き取りを行うことに情熱を傾ける、次の文章であったが、今回、金素雲の「朝鮮の農民歌謡」をいささか詳しく読んで、その情熱の暗い源泉となる屈辱感も読み取れたように思う。今は東京の貧民窟で日雇い労働者に落ちぶれてしまった朝鮮の同胞たちの屈辱感ともそれは重なり合う、響き合う部分があったと思われてならないのである。

一回ですますつもりだった「農民歌謡」を連載することになり、結局六回に引きのばした。民謡と私のかかわりがこうして生れ、これをきっかけに韓国の口伝民謡、民謡を収集することに情熱をかたむけるようになった。

本所や深川といった労働者の集中する一帯を、雨の降る日といえば訪ねて行く（晴れた日は仕事に出るので、夜にはくたびれて良い顔をしない）。

民謡を収集すると口で言うのはやさしいが、やっと二十そこそこの青二才が、労働している大の男たちを訪ねまわって、故郷の歌を聞かせてくれと頼んでも、そのひとたちはたやすく歌いはしない。――中略――

たとえよその国に来て日雇いをする身ではあっても、〈卑しい歌〉をどうして口にするものか、という考えからなのだ。私が求めているのは生活感情に直結したまさにその〈卑しい歌〉なのだが、趣旨がさっぱり通じない。雨の降る日がな一日訊ねてまわっても、内容のある正しい資料はやっと四、五首にしかならないことが多い。

骨折り、努力する仕事にかえって愛情をおぼえるものか――始めはもっぱらその月その月の雑誌に書く材料と探していたが――そうしているうちに、その程度では満足できなくなって、一所懸命に民謡だけ探して歩くことになった。同胞が四、五人いると聞けば、千里の道とはいわないが、三里四里の道を歩いて訊ねるほどになった。(26)

金素雲は、看板書きのアルバイトや、家を借りて、それを朝鮮の若者たちに下宿させるといった、ようやく生活がなりたつ程度の暮らしの中で、金素雲は民謡収集に邁進する。

根の無い浮き草のようなこんな生活の中で、私の郷土、私の祖国の情緒がなずむ口伝民謡に対する愛情だけが、鬼火のようにただ一つ燃え上がった。次の年の秋、北原白秋先生の序文で『朝鮮民謡集』一巻が出版されるまで、こんな生活が続いた。(27)

北原白秋の主宰で、「金素雲を紹介する会」が開かれたのは、『地上楽園』に農民歌謡の連載をしたその翌年、昭和三年の八月のことであり、そこには萩原朔太郎、室生犀星といった詩人たち、山田耕筰、折口信夫といった当時の日本を代表する文化人たちが顔を連ねていた。

そうして、豪華版『朝鮮民謡選』が泰文館から出版されたのが、そのまた翌年の昭和四年年七月であった。これが金素雲の日本文壇への本格的なデビューであった。『地上楽園』での朝鮮農民歌謡の連載は、いささか不幸な終わり方をしたとはいえ、これがなければ偉大な翻訳家、金素雲の存在もあり得なかったと言えるほど、重要な出来事であった。それが可能になったのは、大正期の日本詩壇の隆盛と、その後期における民衆詩、民謡への傾斜、さらには一部の詩人、文化人の朝鮮文化によせる関心と高い評価であった。その中心人物は紛れもなく北原白秋であったが、最初の金素雲の発掘者であった白鳥省吾の業績も、今一度思い出して再評価する必要があるのではなかろうか。

（1）金素雲『天の果てに生くるとも』（崔博光／上垣外憲一共訳、新潮社、一九八三年）から「白秋城」、一一六～一三五頁。
（2）同右、一一六～一一七頁。
（3）同右、（本文）六二～八五頁、（年譜）二七一頁。
（4）同右、九〇頁。『苦楽』については次の文章を参照。「プラトン社の雑誌『女性』『苦楽』をめぐって」（中村惠一『本の手帳』、二〇〇七年二月号）、八頁～一七頁。
（5）同右、九〇頁。
（6）『地上楽園』大正十五年六月創刊号、大地舎、五一頁。
（7）同右、一頁～一三頁。
（8）『地上楽園』昭和二年一月号、「朝鮮の農民歌謡」、一八頁。
（9）『地上楽園』大正十五年八月号、五五頁。

(10)『地上楽園』昭和二年一月号、一八頁。
(11)同右、一九頁。
(12)同右、八四頁。
(13)同右、一九頁。
(14)同右、二八頁。
(15)同右、八四頁。
(16)樋口喜徳『「進め社」の時代』（新泉社、一九九三年）、一六頁。
(17)『地上楽園』昭和二年二月号、八四頁。
(18)『天の果てに生くるとも』、一一六〜一一七頁。
(19)『地上楽園』昭和二年二月号、八四頁。
(20)『地上楽園』昭和二年三月号、五五頁。
(21)同右、五五頁。
(22)『地上楽園』昭和二年二月号、三九頁。
(23)同右、三九頁。
(24)童話研究を行うことを目的として東京の朝鮮人留学生によって結成された「セクトン会」は、既に一九二三年（大正十二）に結成されており、孫晋泰はその主要な同人であった。一九二七年当時、既に四年の活動歴があったことになる。
(25)『地上楽園』昭和二年五月号、七九頁。
(26)『天の果てに生くるとも』、一一七頁。
(27)同右、一二二頁。

大正天皇御製詩閲読
——海外事情に関はる詞藻——

古田島洋介

はじめに

近ごろの大学新入生は、ほぼ例外なく平成生まれ。すでに昭和すら遠く、明治なぞ大昔といふ感覚のやうだ。では、大正はどうかといへば、ふつう「明治と昭和のあひだに短い大正時代があつたことは知つてゐますが……」くらゐの答しか返つてこない。「大正と聞いても、特に何のイメージも湧きません」と言ふ。況《いは》んや大正天皇に於《お》いてをや。「例の遠眼鏡《とほめがね》事件」と言ひさへすれば無条件に話が通じるのは、もはや五十歳以上の世代かと思《おぼ》しい。若者にとつては「遠眼鏡」といふ言葉そのものからして甚だ耳遠いのである。

ただし、若者たちの大正天皇に関する無知は、禍《わざはひ》を転じて福《ふく》と為す絶好の機会でもあらう。「例の遠眼鏡事件」を知らず、したがつて「大正天皇は頭脳正常ならず」との風評も耳にしたことがないとなれば、一切の先入観なしで、真つさらの画布《カンヴァス》に大正天皇の正しいイメージを描けるからだ。大正天皇の正しいイメージとは何か。取り敢へずは、ひとこと「大正天皇は無類の漢詩好きであつた」と言へば事足りる。これでも長たらしく感じる向きは、さらに簡潔に「大正天皇は漢詩人だつた」と告げるだけでもよい。もつとも、このやうに教へると、たぶん「もちろん、職業漢詩人といふわけではないが」との注釈が必要になり、かへつて手間取るかもしれないが。

存在が確認されてゐる大正天皇の漢詩は総計一三六七首。そのうち約三〇〇首が、注解付きで数種の書物に見える(1)。その気になりさへすれば、大正天皇の御製詩は手軽に読めるのだ。竹枝《ちくし》風の叙景詩をはじめ、詠物詩・題詠詩など、穏やかに鑑賞できる作品も少なくないが、今ここでは些《いささ》か緊張を伴ふ作品、すなはち海外事情に関係する御製詩を閲読してみよう。大正といふ時代に想ひを馳せるにも役立つはずだ。

一　東宮時代―夢は欧洲・世界へ、そして李垠との出逢ひ

大正天皇（一八七九～一九二六）は、若き東宮のころ、欧洲《ヨーロッパ》を遊歴せんとのお志を抱かれてゐた。明治三十二年（一八九九）の御製**「夢遊欧洲」**（夢《ゆめ》に欧洲《おうしう》に遊《あそ》ぶ）は次のやうな字句である。

春風吹夢臥南堂　　春風《しゆんぷう》　夢《ゆめ》を吹《ふ》いて　南堂《なんだう》に臥《ぐわ》し
無端超海向西方　　端無《はしな》くも　海《うみ》を超《こ》えて　西方《せいはう》に向《む》かふ
大都楼閣何宏壮　　大都《たいと》の楼閣《ろうかく》　何《なん》ぞ宏壮《こうさう》なる
鶯花幾処媚艶陽　　鶯花《あうくわ》　幾処《いくしよ》か　艶陽《えんやう》　媚《みめよ》し
倫敦伯林遊観遍　　倫敦《ロンドン》　伯林《ベルリン》　遊観《いうくわん》すること遍《あまね》く
文物燦然明憲章　　文物《ぶんぶつ》　燦然《さんぜん》として　憲章《けんしやう》　明《あき》らかなり
誰問風俗弁長短　　誰《たれ》か風俗《ふうぞく》を問《と》うて　長短《ちやうたん》を弁《べん》ぜん
発揮国粋吾所望　　国粋《こくすい》を発揮《はつき》するは　吾《わ》が望《のぞ》む所《ところ》(2)

第四句は、あちらこちらで鶯《うぐひす》が鳴き、さまざまな花が咲き乱れる「艶陽」すなはち春の美しい景色を詠じて、第一句「春風」に呼応する。第六句「憲章」は、法律・規則など、社会の秩序を保つための制度。

第七・八句から明らかなごとく、東宮は、ひたすら欧洲の「文物」や「憲章」に心酔なさつてゐたわけではない。「国家それぞれの風気・習俗の優劣を決めることは誰にもできまい。日本が日本ならではの美点を示すことこそ私の願ひである」――東宮としてのお立場上、当然のお気持ちでもあつたことだらう。木下彪は「当時は立憲政治が其の緒に就き、明治十年代の極端な欧化の風潮も漸く減退し、国粋保存の唱導された後で、自然時代意識がこの御詩の上にも反映してゐる所が興味深い(3)」と論評してゐる。

ただし、東宮の遊歴の御希望は、欧洲のみに止《とど》まらなかつた。同じく明治三十二年の十月、軍艦浅間《あさま》に乗り、沼津御用邸の海岸から神戸港に向かつて航行したさいの御製「**遠州洋上作**」(遠州洋上の作)には、さらに高遠なお志が窺はれる。

夜駕艨艟過遠州
満天明月思悠悠
何時能遂平生志
一躍雄飛五大洲

夜《よる》 艨艟《もうどう》に駕《が》して 遠州《ゑんしう》を過《す》ぎ
満天《まんてん》の明月《めいげつ》 思《おも》ひ悠悠《いういう》たり
何《いづ》れの時《とき》にか 能《よ》く平生《へいぜい》の志《こころざし》を遂《と》げ
一躍《いちやく》 雄飛《ゆうひ》せん 五大洲《ごだいしう》(4)

第一句「艨艟」は軍艦。「遠州」は遠州灘《ゑんしうなだ》のこと。静岡・愛知両県の南方の海域で、御前《おまへ》崎と伊良湖《いらご》岬のあひだを指し、航海の難所として知られる。

東宮が「五大洲」つまり全世界を周遊せんとの大志を詠ぜられた作だ。この御製詩は、翌年すなはち明治三十三年（一九〇〇）五月十日、東宮の御成婚式典が執り行はれた当日、各新聞が挙《こぞ》つて記念附録を発行するなかで、伊藤博文の揮毫による「東宮睿製《えいせい》」の漢詩として「中央新聞」附録に掲載された。(5) 多数の国民の目に触れた数少ない御製詩の一である。(6)

もつとも、実際に大正天皇が親ら土をお踏みになつた外国は、後述するやうに、いはゆる日韓併合の直前の時期に当たる朝鮮半島のみである。欧洲への御遊歴は詩題のごとく「夢」に終はり、「五大洲」の御周遊も実現しなかつた。それどころか、践祚《せんそ》後まもなく欧洲は戦場と化し、「宏壮なる／大都の楼閣」は破壊され、「燦然」たる「文物」も数多く灰燼に帰することとなる。若き大正天皇の大志は、二重の意味で裏切られたのだつた。

御成婚から五カ月後の明治三十三年（一九〇〇）十月十四日〜三十一日、東宮は九州北部を巡啓し、帰路の途中、十月三十日に門司から航行して下関に至り、**「下関登春帆楼々日清議和処」**（下関《しものせき》にて春帆楼《しゆんぱんろう》に登《のぼ》る。楼《ろう》は日清《につしん》の和《わ》を議《ぎ》せし処《ところ》なり）を詠ぜられた。「春帆楼」は、日清両国が日清戦争（一八九四〜九五）の講和条約を結んだ場所である。

日清当日開争闘
敵勢猖狂専防守
幸見我兵収大功
春帆楼上盟和媾

日清《につしん》　当日《たうじつ》　争闘《さうとう》を開《ひら》き
敵勢《てきせい》　猖狂《しやうきやう》　専《もつぱ》ら防守《ばうしゆ》す
幸《さいは》ひに見《み》る　我《わ》が兵《へい》の大功《たいこう》を収《をさ》め
春帆楼上《しゆんぱんろうじやう》　和媾《わこう》を盟《ちか》へるを(7)

第二句「猖狂」は、猛り狂つて暴れる意。「防守」は、朝鮮半島の防衛に努めたことをいふ。第四句「盟和媾」

は、平和を回復するための約束を取り交はすこと。下関条約の締結を指す。「和媾」は、押韻・平仄の関係から「媾和」を倒置したもので、「媾」は〈講〉に同じ。なほ、漢詩の技法から見れば、この一首は去声〈宥〉韻「闘・守・媾」による仄韻詩である。(8)

日清戦争の終結後、日本は朝鮮半島に対する政治的・軍事的圧力を強め、閔妃《ミンビ》殺害事件（一八九五）などが発生した。日露戦争（一九〇四～〇五）以後、その圧力はいよいよ高まり、反日挙兵事件も続発する。かうした情勢のなかで、明治四十年（一九〇七）十月十六日～二十日、東宮は京城《ソウル》に行啓なさつた。大正天皇が海外の土をお踏みになつたのは、これが最初で最後の御体験である。そして、その年末、わづか十歳の李垠《イウン》（一八九七～一九七〇）が日本に留学した。李垠は、李朝第二十六代の国王たる高宗の子であり、十二月十五日に東京に到着、新橋駅で東宮の出迎へを受け、十八日には明治天皇に謁見した。

翌年の明治四十一年（一九〇八）二月二十四日、李垠は葉山に赴いて東宮を訪問する。当時、東宮は避寒のため葉山御用邸に御滞在中であつた。京城《ソウル》にお出向きになつたとき、東宮は幼い李垠をかはいがられ、他の人々と一緒に昌徳宮で記念写真もお撮りになつてゐる。(9) 李垠の訪問を受けた東宮は殊の外お喜びになり、**「葉山南園与韓国皇太子同観梅」**（葉山《はやま》の南園《なんゑん》にて韓国《かんこく》皇太子《くわうたいし》と同《とも》に梅《うめ》を観《み》る）を詠ぜられた。これは海外交流と呼び得る唯一の詞藻である。

不管春寒飛雪斜　管《くわん》せず　春寒《しゆんかん》　飛雪《ひせつ》の斜《なな》めなるに
喜君来訪暫停車　喜《よろこ》ぶ　君《きみ》の来訪《らいはう》して　暫《しばら》く車《くるま》を停《とど》むるを
葉山歓会興何尽　葉山《はやま》の歓会《くわんくわい》　興《きよう》　何《なん》ぞ尽《つ》きん
共賞園梅幾樹花　共《とも》に賞《しやう》す　園梅《ゑんばい》　幾樹《いくじゆ》の花《はな》(10)

第一句「不管」は、顧みない、気にしない意。この第一句は、東宮御自身のことではなく、李垠についていふ七字であり、第二句と併せて「（李垠が）春寒のなか、雪が舞ひ散る悪天候を物ともせず、わざわざ葉山まで訪ねてきてくれたのを（私は）嬉しく思ふ」との大意であらう。

伝へられるところによれば、李垠の来日後、東宮は韓国語に強い興味を示して学び始め、践祚《せんそ》後も学習をお続けになつたらしい。一人の侍従の回想によると、ある日、上奏に及んだとき、大正天皇がいくつか回答の語を口になさつたが、当初、侍従には何のことやら意味がつかめなかつた。しかし、考へてみたところ、天皇がお話しになつてゐたのは韓国語だと気づいたといふ。(11) おそらく大正天皇は、韓国語を学び、実際に話された唯一の天皇であらう。ただし、明治四十三年（一九一〇）朝鮮半島が日本の植民地になつたことに関する漢詩は一首も残されてゐない。日韓併合について、どうお感じになつてゐたのか。活字化された御製詩を見るかぎり、聖意を拝察する手かがりはないのである。

二　天皇時代―欧洲大戦関係詩十四首

践祚後ほどなく、大正天皇は戦争に直面なさつた。大正三年（一九一四）七月二十八日、欧洲大戦すなはち第一次世界大戦が勃発したのである。八月二十三日、日本は日英同盟に基づいてドイツに宣戦布告、九月二日には中国におけるドイツの勢力を一掃すべく山東省に上陸を開始した。大正天皇は軍事に甚だ疎《うと》くあらせられたといふが、(12) たとひ事実であつたとしても、それがただちに軍事に対する無関心をも意味するわけではあるまい。実際、この大正三年に、大正天皇は欧洲大戦に関係する御製詩を少なくとも十四首はお詠みになつてゐる。

第一首「**聞青島兵事**」（青島《チンタオ》の兵事《へいじ》を聞《き》く）は、山東半島の北岸にある龍口《ロンコウ》に上陸した日本陸軍が青島に向かつて行軍を開始したことを詠ぜられた作だらう。

炎風吹満幕営間　　炎風《えんぷう》　吹《ふ》き満《み》つ　幕営《ばくえい》の間《かん》
医渇喫梨心自寛　　渇《かわ》きを医《いや》さんと　梨《なし》を喫《きつ》すれば　心《こころ》自《おの》づから寛《くわん》ならん
不比曹瞞征戦日　　比《ひ》せず　曹瞞《さうまん》　征戦《せいせん》の日《ひ》
思梅将卒口先酸　　梅《うめ》を思《おも》つて　将卒《しやうそつ》　口《くち》　先《ま》づ酸《す》きに(13)

第三・四句は〔三国・魏〕曹操（幼名は阿瞞）にまつはる有名な「望梅止渇」（梅《うめ》を望《のぞ》んで渇《かわ》きを止《と》む）の故事を踏まへる。曹操が行軍中に道に迷ひ、兵士が渇きを訴へたため、偽《いつは》つて「前方に大きな梅林がある。その梅の実で喉を潤《うるほ》せるぞ」と言つたところ、兵士たちは口中に唾液があふれ、渇きをしのぐことができたといふ（『世説新語《せせつしんご》』仮譎《かけつ》）。

日本軍が、飲料水に乏しく、梨を食べて水分を補給してゐる旨、大正天皇のもとに報告が届けられたのだらう。昔、曹操が虚言まで弄して渇きをしのいだのに比べれば、梨があるだけずつと恵まれてゐる。さう思つて自らを慰め、なんとか悪条件を耐へ忍んでほしい――かうした聖意のこめられた御製かと拝察する。

第二首「**時事有感**」（時事《じじ》　感有《かんあ》り）は、欧洲大戦に対する御軫念《しんねん》をお詠みになつた作である。

風雨南庭木葉疎　　風雨《ふうう》　南庭《なんてい》　木葉《ぼくえふ》　疎《まば》らにして
乾坤粛殺九秋初　　乾坤《けんこん》　粛殺《しゆくさつ》す　九秋《きうしう》の初《はじ》め

況逢西陸干戈動　　況《いは》んや　西陸《せいりく》　干戈《かんくわ》の動《うご》くに逢《あ》ふをや
頻向灯前覧羽書　　頻《しき》りに灯前《とうぜん》に向《む》かひ　羽書《うしよ》を覧《み》る(14)

第二句「乾坤粛殺」は天地の織り成す秋の冷気が草木を枯らす意で、第一句「木葉疎」を承ける。「九秋初」は、秋の三カ月すなはち九十日間の始まり、つまり初秋をいふ。第三句「西陸」は欧洲《ヨーロッパ》大陸。「干戈」は盾《たて》と矛《ほこ》、「干戈動」で戦争の意。第四句「羽書」は、鳥の羽を差して至急を要することを示した文書をいひ、ここでは戦況報告を指す。

ただでさへ気分の沈みがちな秋の初め、大正天皇は欧洲大戦によつて一層の御心痛を深められ、夜間も厭《いと》はず戦況報告に目をお通しになつてゐた。

第三首「**時事偶感**」（時事《じじ》偶《たま》たま感《かん》ず）も右に同じ性質の御製である。

西陸風雲惨禍多　　西陸《せいりく》　風雲《ふううん》　惨禍《さんくわ》　多《おほ》く
列強勝敗竟如何　　列強《れつきやう》の勝敗《しようはい》　竟《つひ》に如何《いかん》
山河到処血成海　　山河《さんが》　到《いた》る処《ところ》　血《ち》　海《うみ》を成《な》す
神武憑誰能止戈　　神武《しんぶ》　誰《たれ》に憑《よ》りてか　能《よ》く戈《ほこ》を止《とど》めん(15)

第四句「神武」は、神かと思ふほど優れた武徳をいふ。「止戈」は、戦乱を終息させる意。「武」字が「止」と「戈」から成るため、戦争を止《と》めることこそ真の武徳とされる。

この御製からも、御心痛が拝察できるだらう。「いつたい誰が真の武徳を発揮して欧洲大戦を終はらせることができるのか」――ほとんど御困惑とも呼び得る一句である。
第四首「**観月**」は、月を御覧になりつつ、山東省青島《チンタオ》の攻略に向けて出征した兵士たちに想ひをお馳せになつた御製にほかならない。

晩天風起白雲流
明月方昇画閣頭
遥想軍営霜露冷
労山湾上雁声秋

晩天《ばんてん》　風《かぜ》起《お》こりて　白雲《はくうん》流《なが》れ
明月《めいげつ》　方《まさ》に昇《のぼ》る　画閣《ぐわかく》の頭《ほとり》
遥《はる》かに想《おも》ふ　軍営《ぐんえい》　霜露《さうろ》の冷《つめ》たきを
労山湾上《らうざんわんじやう》　雁声《がんせい》　秋《あき》ならん(16)

第二句「方」は、ちやうど、折《をり》しもの意。「画閣」は、彩色をほどこした美しい楼閣。皇居内の建物をいふのだらう。「画」は、単なる美称とも解せる。第四句「労山湾」は、山東半島南岸、即墨《ジーモー》の東にある港湾で、「労」は「澇」とも書く。その南西に位置する青島から程近い距離にあり、九月十八日、日本軍が上陸に成功した。
第五首「**擬出征将士作**」（出征将士《しゆつせいしやうし》の作《さく》に擬《ぎ》す）では、青島《チンタオ》を攻略せんと出征した将卒たちに成り代はり、その雄々しい心情をお詠みになつてゐる。

平生雄志剣相知
万里従軍正及時
好為邦家尽心力
誓消氛祲護皇基

平生《へいぜい》の雄志《ゆうし》　剣《けん》のみ相知《あひし》る
万里《ばんり》　従軍《じゆうぐん》　正《まさ》に時《とき》に及《およ》べり
好《よ》し　邦家《はうか》の為《ため》に　心力《しんりよく》を尽《つ》くし
誓《ちか》ふ　氛祲《ふんしん》を消《け》して　皇基《くわうき》を護《まも》らんと(17)

第二句「万里従軍」は、海外への遠征をいふ。第三句「邦家」は、国家に同じ。第四句「誓」の内容は、第三・四句すべてである。「氛祲」は、禍《わざは》ひをもたらす雲の気配《けはい》。遠からず青島で発生すべき戦闘をたとへ、具体的には敵兵たるドイツ軍を指す。「皇基」は、天下の基礎を成す帝王の事業。ここでは、日本の根本たる天皇の統治行為をいふ。簡略には、いはゆる国体の意と解してよからう。

第一句は「ふだんから武勇への意気込みを心に秘めてゐることは、自分の剣だけが知つてゐる」意に解し、「剣」に「のみ」を補つて訓読した。あつさり「剣《けん》 相知《あひし》る」と訓じたからといつて、「自分の剣だけが」との解釈が妨げられるわけではないが。

第四句の下三字「護皇基」は、水戸学の中心人物たる藤田東湖《ふぢたとうこ》（一八〇六～五五）の五言古詩「和文天祥正気歌」（文天祥《ぶんてんしやう》の「正気《せいき》の歌《うた》」に和《わ》す）の最終句「極天護皇基」（極天《きよくてん》　皇基《くわうき》を護《まも》らん）の下三字に同じ。大正天皇が詩作に用ゐられた典拠の一端を窺へるかと思ふ。

第六首「**慰問袋**《ゐもんぶくろ》」は、戦地の兵士に送る慰問袋を詠ぜられた作である。

作成千万袋　　作成《さくせい》す　千万《せんまん》の袋《ふくろ》
尽寄遠征人　　尽《ことごと》く寄《よ》す　遠征《ゑんせい》の人《ひと》
慰問情何厚　　慰問《ゐもん》　情《じやう》　何《なん》ぞ厚《あつ》き
勝他金玉珍　　勝《まさ》る　他《か》の金玉《きんぎよく》の珍《ちん》に[18]

第四句「他」は、動詞「勝」に添へた助辞で、特に意味はない。五言句の語構成（二字＋三字）からすれば

「勝他《しようた》す」とサ変動詞に訓ずるはうが明快だが、いかにも耳遠く響くため、暫く「他」を「勝」から切り離して、仮に「他《か》の」と訓読したもの。「他《か》の」とは読んでも、英語〈that〉とは異なり、「あの」意の指示形容詞ではない(19)。

大正天皇は、慰問袋までも詩材となさるやうなお心遣ひの持ち主だつた。決して兵士たちの軍功のみに視線を注いでいらつしやつたわけではない。

第七首「**聞海軍占領南洋耶爾特島**」（海軍《かいぐん》の南洋耶爾特島《なんやうヤルートたう》を占領《せんりやう》せるを聞《き》く）は、詩題のとほり、九月二十九日、日本海軍がドイツ領南洋諸島のヤルート島を占領した吉報に接せられての御製である。ヤルート島は、ミクロネシアはマーシャル諸島のラリック列島南部に位置する。

艨艟破浪到南洋
孤島受降天一方
要使民人浴皇化
仁風恩露洽桄榔

艨艟《もうどう》　浪《なみ》を破《やぶ》つて　南洋《なんやう》に到《いた》り
孤島《こたう》　降《かう》を受《う》く　天《てん》の一方《いつぱう》
要《もと》む　民人《みんじん》をして　皇化《くわうくわ》に浴《よく》せしめ
仁風《じんぷう》　恩露《おんろ》　桄榔《くわうらう》に洽《あまね》からんことを(20)

第二句「受降」は、敵兵の投降を受け容れること。第四句「仁風恩露」は、遠くまで行き渡る仁徳を風に、万物を潤す恩沢を露にたとへた語。ただし「恩露」の用例は未見。「仁風」のイメージに合はせるべく、「恩沢」の「沢」を「露」に換へた語か。あるいは、七言句の語構成（四字＋三字）から見て、中間に停頓の生ずる第四字と第五字に同じ〈氵《さんずい》〉の二字「沢／洽」が並ぶのを嫌ひ、「恩沢」の「沢」を「露」に換へたのかもしれない。結果として、当該四字は「仁恩」と「風露」の互文と解することもできる。「桄榔」は、一説に黒つぐ《クロツグ》、また一説に砂糖椰子《サタウヤシ》、さらに一説に鉄刀木《タガヤサン》ともいふが、南洋諸島の植生に鑑みて、暫く砂糖椰子と解しておく。ヤシ科の常緑喬木で、樹高は約十五メートル。

海軍の兵士たちに、占領したヤルート島の人々に対して、日本人の名に恥ぢぬ仁政をほどこすことをお求めになつた一首にほかならない。

第八首「**南洋諸島**《なんやうしよたう》」は、兵士たちのゐる南洋の島々に御想像をめぐらされた御製である。日本海軍が赤道以北のドイツ領南洋諸島を占領したのは、十月十四日のことだつた。

南洋島嶼一帆通　南洋《なんやう》の島嶼《たうしよ》　一帆《いつぱん》通《つう》じ
散在千波万浪中　散在《さんざい》す　千波《せんぱ》　万浪《ばんらう》の中《うち》
想見早春猶盛夏　想《おも》ひ見《み》る　早春《さうしゆん》　猶《な》ほ盛夏《せいか》のごときを
鳥呼椰子緑陰風　鳥《とり》は呼《よ》ぶ　椰子《やし》　緑陰《りよくいん》の風《かぜ》(21)

これは単に南洋諸島の風土をお詠みになつた叙景詩ではあるまい。占領が成功した南洋諸島の常夏の暑さのなか、せめて鳥のさへづる椰子の木蔭で少しでも涼しい風を受けて休息してほしい――かうした兵士たちへの労《ねぎら》ひをこめられた一首かと愚考する。

第九首「**重陽**《ちようやう》」は、詩題のごとく、陰暦九月九日（陽暦十月二十七日）の作。重陽の節句にさいしては、丘や山など高い所に登り、菊酒《きくざけ》を飲んで災厄《さいやく》を祓《はら》ふ慣はしであつた。

登高佳節値重陽　高《たか》きに登《のぼ》つて　佳節《かせつ》　重陽《ちようやう》に値《あ》ひ

風物清澄霜菊香　風物《ふうぶつ》　清澄《せいちよう》として　霜菊《さうきく》　香《かうば》し
翻憶懸軍人万里　翻《ひるがへ》つて憶《おも》ふ　懸軍《けんぐん》　人《ひと》の万里《ばんり》なるを
海天西望水蒼茫　海天《かいてん》　西《にし》のかた望《のぞ》めば　水《みづ》　蒼茫《さうぼう》たり(22)

第二句「霜菊」は、霜にも負けずに咲き誇る菊。第三句「懸軍」は、遠征した軍隊をいふ。第四句「蒼茫」は、海水が青々と広がつてゐるさま。

重陽の節句だからといつて、菊酒を楽しんでもゐられない。はるかに海を隔てた西方の山東半島で、我が兵士たちが奮闘してゐるのだから——前掲の第四首に同じく、海外の戦地に御意をお馳せになつた一首である。

第十首は「**聞赤十字社看護婦赴欧洲**」（赤十字社《せきじふじしや》の看護婦《かんごふ》の欧洲《おうしう》に赴《おもむ》くを聞《き》く）である。この御製は、山東半島や南洋諸島における日本軍の行動と直接には関係しない。日本赤十字社が、欧洲大戦の負傷者の救護に当たらせるべく、十月二十三日に看護婦七名を含む救護班十三名をロシアに派遣したことをお詠みになつた作だ。

白衣婦女気何雄　白衣《はくい》の婦女《ふぢよ》　気《き》　何《なん》ぞ雄《ゆう》なる
胸佩徽章十字紅　胸《むね》に佩《お》ぶ　徽章《きしやう》　十字《じふじ》の紅《くれなゐ》
能療創痍尽心力　能《よ》く創痍《さうい》を療《いや》し　心力《しんりよく》を尽《つ》くせ
回生不譲戦場功　回生《くわいせい》　譲《ゆづ》らじ　戦場《せんぢやう》の功《こう》に(23)

第三句「創痍」は、戦争で受けた傷。第四句「回生」は、蘇生つまり命を救ふこと。

日本赤十字社にとつて、看護婦を組織した本格的な救護班を海外へ派遣するのは初めての経験だつた。「負傷者の命を救ふことは、戦場での勲功に優るとも劣らぬ手柄である」――戦地に向けて出発する看護婦たちをお励ましになつた御製である。

ちなみに、十二月十六日には看護婦二十二名を含む救護班二十九名がフランスへ、同月十九日には看護婦二十二名を含む救護班二十六名がイギリスへ派遣された。今日に謂ふ国際貢献活動の一環である。

第十一首は「**十一月七日青嶋敵軍降伏因有此作**」（十一月七日《じふいちぐわつなぬか》　青嶋《チンタオ》の敵軍《てきぐん》　降伏《かうふく》せり。因《よ》つて此《こ》の作《さく》有《あ》り）は、詩題のごとく、十一月七日、日本軍がドイツ軍の青島要塞を攻略した吉報に接せられての御製である。

敵国方降伏
風霜粛殺時
日臨青嶋静
塁破白旗欹
重義偏除禍
同盟已出師
勲功真可愛
奏凱自天涯

敵国《てきこく》　方《まさ》に降伏《かうふく》す
風霜《ふうさう》　粛殺《しゆくさつ》の時《とき》
日《ひ》　臨《のぞ》んで　青嶋《チンタオ》　静《しづ》かに
塁《とりで》　破《やぶ》れて　白旗《はつき》　欹《そばだ》たん
義《ぎ》を重《おも》んじて　偏《ひと》へに禍《くわ》を除《のぞ》かんとし
盟《めい》を同《おな》じうして　已《すで》に師《し》を出《い》だせり
勲功《くんこう》　真《まこと》に愛《あい》すべく
凱《がい》を奏《そう》すること　天涯《てんがい》よりす(24)

第一句「方」は、ちやうど、折《をり》しもの意。やつと、やうやくの意味にも解せるが、後に掲げる第十三首の第一句「未過旬日陥堅城」（未《いま》だ旬日《じゆんじつ》を過《す》ぎずして　堅城《けんじやう》を陥《おとしい》れたり＝「まだ十日も経《た》たぬうちに、ドイツ軍の堅牢な青島要塞を陥落させた」）から見て、今は採らない。第二句「粛殺」は、秋の冷気が草木を枯らしつくすこと。第四句

「欹」は、かたむく。第六句「出師」は、兵を出す意。第八句「天涯」は、はるかな土地、異国。

第五・六句は、日本が日英同盟に基づいてドイツに宣戦布告、すみやかに出兵に及んだことをいふ。

第十二首「**聞我軍下青島**」（我《わ》が軍《ぐん》の青島《チンタオ》を下《くだ》すを聞《き》く）も同様の作だ。

所向無前是我軍　　向《む》かふ所前《ところまへ》無《な》しとは　是《こ》れ我《わ》が軍《ぐん》
喜聞異域奏奇勲　　喜《よろこ》び聞《き》く　異域《いゐき》に　奇勲《きくん》を奏《そう》するを
平和時頼干戈力　　平和《へいわ》　時《とき》に頼《たよ》る　干戈《かんくわ》の力《ちから》
東亜自今生瑞氛　　東亜《とうあ》　今《いま》より　瑞氛《ずいふん》を生《しやう》ぜん(25)

第一句「所向無前」は、「所向無敵」（向《む》かふ所敵《ところてき》無《な》し）とほぼ同義の成語。第三句「干戈」は盾《たて》と矛《ほこ》、「干戈力」で武力の意。第四句「瑞氛」は、瑞祥としての雲気、めでたさを告げる靄《もや》。ただし、用例は未見。「瑞靄《ずいあい》」「瑞気《ずいき》」などの「靄」や「気」を平仄・押韻の関係から「氛」に換へたものか。あるいは「瑞靄氛」（〔宋〕趙長卿《てうちやうけい》『惜香楽府《せきかうがふ》』巻八「浣渓沙《くわんけいしや》」詞）の「靄」を省いた語かもしれない。

問題は、第三句「時」の解釈だ。大正天皇の平和観または戦争観を知るうへで、等閑に付すわけにゆかぬ。これは、例の『論語』学而《がくじ》の冒頭「学而時習之」（学《まな》んで時《とき》に之《これ》を習《なら》ふ）の「時」字に生ずるのと同じ問題で、「時に応じて」の意なのか、それとも「常に」の意なのか、といふ話である。要するに、第三句は「平和の実現は、時によつて武力に頼らざるを得ない」と緩やかに受け取ればよいのか、はたまた「平和の実現は、いつでも武力に頼らざるを得ない」と強く理解するのがよいのか。

本詩の異文は、問題の第三句第三字を「必」（必ず）に作る。(26) にはかにこれを重ねてみれば、「時」は「常に」

すなはち「いつでも」と解釈するのが妥当に思はれるだらう。しかし、異文「必」は、「時」の字義に関する決め手にはならない。「時」（平）と「必」（仄）では平仄が異なるからである。

按ずるに、右掲の本文は第三句の平仄の均衡《バランス》が悪い（平字「平和・時・干戈」＝五字／仄字「頼・力」＝二字）。一方、異文の第三句は平仄の均衡が取れてゐる（平字「平和・干戈」＝四字／仄字「必頼・力」＝三字）。つまり、平仄から見れば、右掲の本文は草稿にすぎず、異文こそ修訂稿なのではないか、とも考へられよう。さうだとすれば、第三句第三字を「必」に作る異文に従ふべきではないか、との主張も成り立つ。

けれども、異文は、第三句第三字を「必」に作ると同時に、第四句第一・二字を「宇内《うだい》」に作る。日本軍が青島を攻略したからといつて、「宇内」すなはち世界全体が「今より　瑞氛を生ぜん」と言へるかどうか。実際、大正三年十一月の時点で、欧洲大戦がなほも継続してをり、勝敗は予断を許さぬばかりか、終戦の見通しすら立たないことは、天皇御自身が承知なさつてゐたはずである。もしさうならば、初案の「宇内」を少し控へめにして「東亜」に換へたのが実情ではなかつたか、とも考へられよう。要するに、やはり右掲の本文こそが本詩の修訂稿であり、異文は草稿にすぎないとも推察できるのである。さうだとすれば、平仄の均衡を破つてまで「必」を「時」に換へたのは、おそらく字義に基づく改変といふことにならう。つまり、問題の「時」は、「必」とは異なり、「時に応じて」すなはち「時によつて」と解するはうが優ることになる。

果たして、いづれが是か非か。今は、異文の存在を承知してゐたはずの木下彪が右掲の本文を採用してゐるのを重んじ、暫く後者の解釈つまり「時に応じて」すなはち「時によつて」に従つておきたい。むろん、「必」に作る異文の存在は記憶に値するけれども。

第十三首「**聞青嶋陥没喜賦**」（青嶋《チンタオ》の陥没《かんぼつ》せるを聞《き》き喜《よろこ》んで賦《ふ》す）も、やはり青島攻略の成功を詠ずるが、お気持ちに少し余裕を生じられたのだらう、第二句に戦死した将校や兵士たちへのお気遣ひが見られる。

未過旬日陥堅城　未《いま》だ旬日《じゆんじつ》を過《す》ぎずして　堅城《けんじやう》を陥《おとしい》れたり
殉難偏憐将士情　殉難《じゆんなん》　偏《ひと》へに憐《あは》れむ　将士《しやうし》の情《じやう》
忽向都門伝捷報　忽《たちま》ち都門《ともん》に向《む》かつて　捷報《せふはう》を伝《つた》へ
砲声変作凱歌声　砲声《はうせい》　変《へん》じて凱歌《がいか》の声《こゑ》と作《な》る(27)

第一句「旬日」は、十日間の意。第三句「都門」は都の城門、転じて国都すなはち当時の東京府を指す。「捷報」は、勝利の知らせ、勝報。

「今や、大砲の音に取つて代はり、我が日本軍の勝利の歌声が響くばかりである」――かうして欧洲大戦に関はる日本軍の行動は終はりを告げた。

第十四首「**冬至**《とうじ》」は、出征してゐた兵士たちが冬至の当日に凱旋帰国したのをお喜びになつた作である。大正三年の冬至は、十二月二十三日（陰暦十一月七日）であつた。

窮陰早已遇来陽　窮陰《きゆういん》　早《はや》くも已《すで》に　来陽《らいやう》に遇《あ》ひ
自此方添一線長　此《これ》より　方《まさ》に添《そ》ふ　一線《いつせん》の長《なが》きを
将士凱旋恰斯日　将士《しやうし》の凱旋《がいせん》　恰《あたか》も斯《こ》の日《ひ》
城中雲物帯祥光　城中《じやうちゆう》　雲物《うんぶつ》　祥光《しやうくわう》を帯《お》ぶ(28)

第一句「窮陰」は陰の気が窮《きは》まつて尽きること、「来陽」は陽の気が生じ来たること。冬至は、別に称して

「陽生《やうせい》」（陽の気が生ずる日）「陽回節《やうくわいせつ》」（陽の気が回《めぐ》つてくる節気）などともいふ。明治三十四年（一九〇一）の同題の御製「冬至」に「可知天地陰窮処／来復一陽今日生」（知《し》るべし 天地《てんち》 陰《いん》の窮《きは》まる処《ところ》／来復《らいふく》 一陽《いちやう》 今日《こんにち》 生《しやう》ずるを）[29]の二句がある。第二句「方」は、やつと、やうやく。「方《はじ》めて」と訓ずるも可。ちやうど、折しもの意にも解せるが、第三句「恰」との字義の重複を避けるべく、今は採らない。「添一線長」は、冬至を境《さかひ》として、日射しが伸びてゆくこと。『易経』において、陰暦十一月に当たる〈復〉卦䷗の最下辺に添へられた一本の長い線すなはち陽⚊を陽気の回復と見なし、冬が去つて再び春がやつてくる萌《きざ》しと解釈するのを踏まへた表現である。第三句「恰」は、ちやうど、まさしく。第四句「城中」は都城のなか、つまり当時の東京府。「雲物」は、雲の様子。雲の色や形に吉凶の予兆が現れるとされ、広く景色をもいふ。「祥光」は、めでたい光、平和を表す輝き。

詩意については贅言を要すまい。冬至の日に日本軍が凱旋帰国し、「東京中の風物がすべて平和の光を放つてゐるかのやうだ」との御意である。

なほ、第三句第六字「斯」（平）は粘法を破つて孤平《こひやう》を犯すが、この第三句は〈仄仄平平平仄仄〉の変形として許容される〈仄仄平平仄平仄〉をそのまま用ゐたもので、特に問題は生じない。漢詩の一大禁忌《タブー》たる孤平を目にすると、ただちに「誤りだ」と言ひつのる向きも無しとしないので、念のために附記しておく。

以上が欧洲大戦すなはち第一次世界大戦に関はる大正三年（一九一四）の御製詩十四首だ。大正天皇は大正六年（一九一七）まで詩作をお続けになつたが、管見によるかぎり、右の十四首以降、特に海外に関係する御製詩は一首も見られない。

結び——大正六年の意味

平成十九年（二〇〇七）五月十九日、中国は山東省の威海《ウエイハイ》で開催された山東大学韓国学院主催の国際シンポジウムにおいて、本稿で引いた大正天皇の韓国・中国に関係する御製詩のなかから六首を紹介して研究発表とした。むろん、威海がかつての威海衛《ゐかいゑい》であることは承知してゐたうへ、会場から程近い劉公島《リュウコンタオ》の沖合こそ日清戦争で日本海軍が清国の北洋艦隊を壊滅させた海戦の場であることも知つてゐたが、大正天皇に韓国・中国に関係する漢詩があるといふ事実そのものを、ぜひとも両国の研究者たちに認識してほしかつたからである。

覚悟してゐたとほり、発表を終へると、論評者《コメンテイター》の中国人学者の口から「選《よ》りに選《よ》つて威海の地で、よくぞこのやうな内容の発表をしてくれたものだ」と強い調子の批判が飛び出した。中国語で発表したためか、韓国人学者からは声が挙がらなかつたものの、好ましからぬ雰囲気が漂つたのはたしかである。私としては歴史上の確たる存在として御製詩を紹介した旨を説明するのみだつたが、拙い中国語による弁明がどこまで通じたかはわからない。

もつとも、その日の夕食会で、件《くだん》の中国人学者がわざわざ私の隣の席に坐つてきたため、酒を酌み交はしながら歓談に興じた。批判の相手たる私が不愉快な思ひでゐるのではと気遣つてくれたのか、あるいは「今日の批判は、中国人の聴衆も同席してゐた関係上、あのやうに言はざるを得なかつたのだ」と言ひたかつたのか、それとも……いや、下司《げす》の勘繰りはやめよう。歓談中、話柄が健康問題に及んだので、私の体重を告げると、「え？あなたは八十六キロもあるのか？あそこに坐つてゐるうちの主任も八十六キロだけれど、あなたのはうがずつと痩せて見えるな」と言つてくれたのを今でも覚えてゐる。お世辞は素直に受け取つておくべきだらう。

大正天皇の漢詩制作は、大正六年（一九一七）を以て終はりを告げた。奇《く》しくも、この大正六年に、全国の主要な新聞から漢詩欄が消失し[30]、萩原朔太郎が『月に吠える』を刊行してゐる。日本の近代化が軌道に乗り、つひに工業生産額が農業生産額を追ひ抜いた大正年間は、伝統詩型の一たる漢詩が皇室においても巷間においても影を薄め、本格的な近代詩が世に進み出た新旧交代のときでもあつたのだ。日本独自の化学工業の発展を期して理化学研究所が設立され、また本多光太郎・高木弘が世界に先駆けて強力な磁石すなはちＫＳ磁石鋼を発明したのも、大正六年のことである。

おそらく大正天皇は、漢詩を数多く御制作になつた最後の天皇となられるだらう。本稿を一読してくださつた各位におかれては、ぜひとも若い世代に大正天皇の正しいイメージを伝へていただきたい。「大正天皇は無類の漢詩好きであつた」と。

（1）大正天皇の漢詩作品の総数一三六七首は、木下彪『大正天皇御製詩集謹解』（明徳出版社、昭和三十五年／再版＝平成十二年）「総説」九頁に見える。

また、二五一首の御製詩が、宮内省関係者等〔編〕『大正天皇御製詩集』（木版和装本、昭和二十一年、非売品）、大正天皇御集刊行会〔編〕『大正天皇御集』（普及版＝昭和二十三年／特製版＝昭和二十四年）および右掲の木下書と西川泰彦『天地十分春風吹き満つ――大正天皇御製詩拝読』（錦正社、平成十八年）に見え、『大正天皇実録』その他に基づく補遺二十七首が拙著『大正天皇御製詩の基礎的研究』（明徳出版社、平成十七年）にある。さらに、拙著五八頁で迂闊にも断片の一として扱つた御製詩一首の全字句が三島正明『最後の儒者――三島中洲』（明徳出版社、平成十年）二三三頁に見え、その異文が西川書八四頁に載つてゐる。加へて、西川書には宮内庁書陵部における稿本の調査および『大正天皇実録』の精査などに基づく二十五首の字句（そのほか詩題のみの紹介が五首）が紹介されてをり、前掲諸書と重複する七首を差し引いても、新たな御製詩は十八首を数へる。すなはち、書物に活字化されてゐる大正天皇の御製詩は、目下のところ合計二九七首だ。ただし、西川書が付け加へた当該十八首には既出の御製詩の異文も含まれてをり、独立した作品と呼び得る詩数の算定には慎重な検討を要するだらう。今、明確に二九七首と記さず、暫く「約三〇〇首」と概数を示すに止《とど》めた所以である。右の諸書のうち、『大正天皇御製詩集』と『大正天皇御集』は、今日では些か入手が難しい。注解付きの書物は、木下書・西川書および拙著の三種である。

このほか、大正天皇の御製詩は、田所泉『大正天皇の〈文学〉』（風濤社、平成十五年）に数多く収められてゐるのを始め、原武史『大正天皇』（朝日選書、平成十二年）一六二頁に明治四十二年（一九〇九）の御製「**登呉羽山**」、丸谷才一『花火屋の大将』（文春文庫、平成十七年）六九～七〇頁に明治四十一年（一九〇八）の御製「**観蛍**」と大正六年（一九一七）の御製「**蟹**」、加藤徹『漢文の素養――誰が日本文化をつくったのか?』（光文社新書、平成十八年）二一八頁に明治三十二年（一八九九）の御製「**海浜所見**」、拙編著『漢文素読のすすめ』（飛鳥新社、平成十九年）一一九頁および文語の苑［編］『文語名文百撰――日本語はこんなに美しい』（海竜社、平成二十年）一九二頁（拙稿）に大正三年（一九一四）の御製「**西瓜**」が引用されてゐる。加藤書は、日本漢文学の略史において大正天皇の御製詩に一定の紙幅を割いた初めての例であらう。もつとも、加藤氏が「**海浜所見**」を明治二十九年（一八九六）の御製としてゐる理由はよくわからないが。ちなみに、丸谷書については、日本大学文理学部の田口一郎教授から御教示を賜つた。茲に記して謝意を表す。

なほ、大正天皇の御生涯については、右掲の原《はら》書のみならず、古川隆久『大正天皇』（吉川弘文館《人物叢書》、平成十九年）をも併せ見られたい。

（2）木下書二七頁および西川書七二頁。西川氏が示す第一句の訓読「春風吹キテ臥シテ南堂ニ夢ム」は、語順のうへで些か無理があらう。この第一句は〔唐〕李白「江夏贈韋陵南氷」詩の第八句「東風吹夢到長安」（東風　夢を吹いて　長安に到る）を念頭に置いて訓読するのが穏当かと愚考する。

（3）木下書二八頁。

（4）木下書二九頁および西川書七五頁。

（5）木下書三五頁に「中央新聞」附録の写真がある。詳細については、木下書三三〜三六頁および拙著一二五〜一二九頁を御参照いただきたい。ただし、附録の実物は未見。

（6）「国民新聞」も、やはり伊藤博文の揮毫による東宮の漢詩一首を明治三十三年五月十日号の附録とした。これも数多くの国民が目にした御製詩の一たるを失はない。当該詩は拙著一五頁に見え、一六頁に「国民新聞」附録の写真がある。

（7）拙著二三頁。

（8）大正天皇の仄韻詩については、拙著二二一〜二二五頁を御参照いただきたい。

（9）この昌徳宮での記念写真は、原《はら》書一二八頁に見える。

（10）木下書九〇頁および西川書一五四頁。

（11）原《はら》書一二七〜一二九頁を参照。侍従の黒田長敬の回想「不思議な御諚それは朝鮮語」は、もと「東京日日新聞」昭和元年（一九二六）十二月二十五日夕刊に掲載された。

（12）原《はら》書一五四頁および古川書九三頁を参照。東宮武官の千坂智次郎の伝へるところによれば、大正天皇は、東宮時代、御用掛の軍人たちから週に二回の進講を受けてゐたにも拘はらず、軍事についてはほとんどおわかりにならなかつたといふ。この伝聞は、坂野潤治ほか〔編〕『財部彪日記』海軍次官時代〔上〕（山川出版社、昭和五十八年）一一八頁に明治四十三年（一九一〇）七月二十三日の記事として見える。

（13）木下書一九二頁および西川書三〇三頁。

（14）木下書一九三頁および西川書三〇五頁。

（15）木下書一九四頁および西川書三〇六頁。

（16）木下書一九五頁および西川書三〇八頁。

（17）木下書一九六頁および西川書三〇九頁。

（18）木下書一九六頁および西川書三一〇頁。

(19) 動詞に添へる助辞「他」は、以下の御製詩四首にも用例がある。明治三十五年（一九〇二）「**聞青森聯隊惨事**」第四句「比他戦陣立功勲」／明治三十六年（一九〇三）「**聞鼠疫流行有感**」第四句「恐他刻刻奪民生」・「**菅原道真詠梅花図**」第四句「想他心事似梅花」／明治三十八年（一九〇五）「**大中寺観梅**」第四句「愛他玉蕾半将開」。

(20) 木下書一九七頁および西川書三一一頁。

(21) 木下書一九七頁および西川書三一六頁。

(22) 木下書一九八頁および西川書三一七頁。

(23) 木下書一九九頁および西川書三一八頁。なほ、森鷗外の大正四年『日記』六月十五日条に本詩の異文が見え、鷗外自身に次韻の漢詩もある。異文については西川書三一九頁・拙著七四頁を、鷗外の次韻の作については『鷗外歴史文学集』第十三巻「漢詩」下（岩波書店、平成十三年）一〇八頁以下を、大正天皇と森鷗外の関係については拙著二一九頁以下を御参照いただきたい。

(24) 拙著五二頁。

(25) 木下書一九九頁および西川書三二一頁。

(26) 異文は拙著七五頁に見え、第一句を「所向無前我六軍」、第三句を「平和必頼干戈力」、第四句を「宇内自今生瑞氛」に作る。本稿所掲の本文と平仄に相違が生ずるのは、第三句第三字「必」と第四句第一字「宇」である。

(27) 拙著五三頁。

(28) 木下書二〇二頁および西川書三二七頁。

(29) 木下書五七頁および西川書一〇六頁。

(30) 石川忠久『漢詩を作る』（大修館書店、平成十年）三頁に、元東洋大学教授たる船津富彦氏の調査結果として、「すべての新聞から、〈漢詩欄〉が消えた（中略）のは、大正六年（一九一七）だ」との記述がある。ただし、今「すべての新聞」を「主要な新聞」に改めたのは、「漢学会雑誌」昭和十三年（一九三八）十二月号に掲載された辻揆一「明治詩壇展望」（末尾に「昭和十三年九月廿日稿」とある）に「現今、全国新聞に漢詩欄を設くるは、福岡日日新聞・神戸新聞・大阪時事新報のみである」と注記されてゐるからだ。この三紙は、昭和十三年に至っても漢詩欄を設けてゐたらしい（原紙は未確認）。大正六年の時点で「すべての新聞から、〈漢詩欄〉が消えた」と称するのは、誤解を生ずる可能性があらう。なほ、辻揆一の一文は『明治漢詩文集』（筑摩書房《明治文学全集》、昭和五十八年）に収められてをり、当該の注記は同書三七三頁下「註」に見える。

＊便宜上、本稿の漢字は常用字体を原則とした。

＊本稿の完成後、石川忠久『漢詩人 大正天皇——その風雅の心』（平成二十一年、大修館書店）が刊行された。書名が示すやうに、本稿と趣旨を同じうする一書である。注（1）に掲げた諸書とともに、各位が閲読されんことを望む。

第三章　戯曲・演劇の交流

大正戯曲の再検討

Cody Poulton

はじめに

私は、日本の近代演劇の研究に入るまで、少しまわりくどい道を取ってきました。実を言えば、私は新劇が嫌いでした。なぜかと言えば、日本にありながら非日本的な文化形式に見え、どうしても興味が湧かなかったのです。それは私の単なる異国趣味（つまりオリエンタリズム）のせいかも知れませんが、新劇はあまりにも西洋文化に圧倒されている、日本には古来から受け継がれてきた演劇の遺産というものがあるのにそれを裏切っている——そのように思えてなりませんでした。

では、新劇以前の演劇はどうでしょう。

大正期までの演劇

歌舞伎は江戸文化における最も有力な表現形式と言っても言い過ぎではないでしょう。浮世絵、評判記、絵入り狂言本などの莫大な大衆文化が、歌舞伎から生まれ、あるいは歌舞伎の影響を受けてさかんになったのです。その影響は戯作から講談、落語などの話芸に見られます。明治後期までの日本人の物語の本能、言い換えますと物を語る、聴くという欲求はなかなか演技的なものでした。ストーリーはテキストだけではなく一種のパフォーマンスであり、作者という存在は、役者（または語り手）と簡単には明確に区別を付けられないものでした。歌舞伎は肉体化された物語にほかなりません。

近代までの日本人の大衆文化はなかなか劇的なもので、その名残は例えば泉鏡花の小説『日本橋』に見られると思います。この小説の脚色について、佐伯順子はこう述べています。

この小説の台詞がそのまま戯曲の台詞として転用され、小説で地の文になっている個所が、そのままト書きとして生かされている。(1)

このように、この小説はまさに劇的で、新派の脚本としてもってこいのものでした。お孝の「雛の節句の明くる晩、春で、朧で、御縁日、同じ栄螺と蛤を放して、巡査の帳面に名を並べて」云々の名台詞は、歌舞伎のつらねのように、リズミカルで呪文のような説得力を持っています。鏡花は「文章の音律」というエッセイの中で、

予は文章は見るべきものでなく、読むべきものだと思う。口に出しては分からぬようなものはよくない。(2)

と言っています。まさにそのとおりで、鏡花の小説では、近代以前の口承文芸および聴覚的な伝統がきちんと守られています。そこからは語り手の〈声〉が伝わってきます。その声が、三年前に勧世栄雄氏が演出した『日本橋』のリーディングで巧みに再現されていました。鏡花が「読む」と言っているのは、「朗唱」に近い意味で、つまり声に出して読むことを意味していたわけです。江戸から明治まで続いていた歌舞伎や話芸などのパフォーマンス文化に通じるものがあります。ところが、明治時代になると、このような「口で伝え耳で聞く」文化が、「目で読む」文化、言い換えれば、前田愛が「黙読」と呼んだ文化に取って代わられるようになってきました。明治二〇年代は、このような変化の実験的十字路であったと見ることができます。近代以前の「声」は、作者＝語り手の、公の場に開かれた肉声でしたが、近代化によってその声は次第に肉体から切り離された、内心の魂の声になるとともに、近世の公の文化が近代の個人的な文化へと変化していったのです。このようにして、演劇においても、文学でも言葉は人間の体から分断されたものになっていきました。

上から下へと押し付けられた演劇の近代化によって、パフォーマンスから文学へという傾向が生まれたのです。それは明治二〇年代の演劇改良論争をめぐる森鷗外や坪内逍遥の意見にも反映されています。アリストテレスの『詩学』を手本にして、歌舞伎の「役者中心」という要素をより「作者中心」の演劇に変えようとしました。「先ず戯曲ありて、後に演劇あり」と鷗外が提唱したように、脚本（戯曲）を単なる演劇の為の台本ではなく文学の一ジャンルと位置づけたのです。鷗外は新しい演劇（彼はこれを正劇と名付けた）は、「白を主とする劇」であり、それを実現するには「劇場裏の詩人」が必要だと提唱しました。逍遥の「文芸協会」の観客は脚本を読みながら観たという話がありますが、そのように、新劇を観ることがいかにも文学的な経験になりました。演劇の場合、「言文一致」はそういう方向で進んだのです。

要するに、文学としての近代戯曲の台頭は、二〇世紀初頭の大衆的な演劇の衰退と並行して起こりました。言ってみれば、近代文学の一ジャンルとしての戯曲は、固有の歴史を持っているわけではなく、芸術が近代化し内面描写に適した小説が主流となっていく時代において生まれ落ちてしまった、ということになります。要するに、近代化によって、芝居より小説というものの方が文化的表現の模範になったのです。『近代劇の社会学』の中で、ギョリギー・ルカーチがこの傾向を指摘しています。

要するに、文学の主題はより叙事詩的、もっと厳密に言えば、小説的になっている。……なぜかといえば、人生の外見的な特徴――つまり人間の最も劇的な特徴――が衰えて来たのです。(3)

「孤立した人間は劇に相応しい対象ではない」(4)とルカーチが主張していますが、この孤立自体が近代文学の最も重要な主題になります。近代化により主題は外から内へ、社会から個人へと移ったのです。つまり、近代化とともに人生そのものが非演劇的になった訳です。

ペーター・ションデイが論じた「純粋な」ドラマには、対話、劇的行動、〈今・ここ〉という三つの要素が欠かせません。しかし、近代の経験をどういう風にドラマに表現できるのか。それまでのドラマの限界を乗り越えるためには、イプセン、ストリンベリ、チェホフなどに見られるように、小説的な性格を持つ斬新なドラマトゥルギーが必要とされたのです。

大正期の戯曲時代

明治時代に「演劇」はあったが「戯曲」はなかった、と遠藤祐が書いていますが、大正期は戯曲の創作にとってまことに画期的な時代でした（便宜上「大正」とは、ここでは約一九一〇年から一九三〇年までとする）。四巻を占める『近代日本戯曲史』で、大山功は明治から昭和の劇作家一四〇人を挙げていますが、そのうちおよそ八〇人までが戦前（一九一〇—一九四〇）の劇作家です。そのほとんどが大正期に活躍しました。大正期には、演劇の専門雑誌や戯曲集が次々と出版されました。

なぜ戯曲が急に大正になってから流行って来たのでしょうか。近代の精神を描くために小説の方が相応しいジャンルだとしたら、なぜこの時代のほとんどの作家は戯曲も書いたのでしょう（実際、戯曲を書かなかった作家はごく例外的存在だった）。多くの学者がイプセンの衝撃的な影響ということを述べ、後に小山内薫の自由劇場による『ジョン・ガブリエル・ボルクマン』と文芸協会の『人形の家』の初演が原因になっているとしています。小山内が新劇の発生に影響を与えたことは言うまでもありませんが、「劇場裏の詩人」という重要な役割を果たしたのは、やはり、初演の『ボルクマン』を翻訳した、森鷗外でした。

当時、鷗外は特に近代劇の翻訳に強い興味を示しており、数多くのヨーロッパ近代劇の代表的作家の作品を『一幕もの』『新一幕もの』という作品集として発表しています。ちょうどいま私が同じような仕事をしていて、それは、日本の近代劇の翻訳の作品集なのですが、アンソロジーには一幕ものより便利なものはないような気がしてきています。鷗外もそのように感じていたかも知れません。

鷗外は『生田川』『静』などの一幕の創作劇もたくさん書き、大正期に数多くの作家がその手本に従い、一幕ものを短編小説のようにどんどん書いたのです。

小山内の自由劇場は創作劇に大きな影響を与えて、その初期に西洋の演劇だけではなく、森鷗外・吉井勇・郡虎彦・秋田雨雀・長田秀雄などの創作劇も上演しました。しかし、日本の近代劇の成立への小山内の寄与はきわめて曖昧な物だったと私は思っています。まず彼は創作劇の育成にとってかなりの妨げとなりました。明治四二年あたりから、小山内は俳優や演出家の養成よりも早く、「先ず脚本の翻訳という事が第一の為す事だ」と言い、戯曲の「真の翻訳時代」を提唱しました。(「脚本の翻訳に付いて」OKZ6:11) この傾向は小山内が第一回の洋行(一九一二―一三)から帰ってから益々強くなりました。一九二四年の築地小劇場を開く前の有名な三田講演で、「日本の即成作家……の創作から何ら演出欲をそそられない」という発言で、作家達に大きなショックと怒りを起こさせたのです。小山内の三田講演に強く反発した菊池寛は、翻訳劇ばかりをするのが「馬鹿馬鹿しい」と言い、「短軀黄顔の日本人が西洋人に見せようとする努力だけでも、無駄な努力だ」と言い張ったのです。新劇は菊池曰く「洋食」のようなもので、日本人の口に合わないのは勿論、栄養にもならないもの。アメリカの学者トマス・ライマーが書いたように、「新劇が翻訳劇にとどまる限り、日本の近代劇は知識上の経験でしかなく、人が感激できるような経験になりえなかった」訳です。

皮肉な事に小山内の翻訳劇嗜好のおかげで、創作劇は新劇ではなくて、昭和初期までに歌舞伎や新派によって上演される事になりました。新しい主題と様式を見せる近代的な戯曲を女形などの古い方法を使って演じるのはちょっと木に竹を接ぐようなものでしたが、演劇の近代化に歌舞伎と新派がこのように寄与したことは忘れてはなりません。近代劇の歴史を探るため、この辺りをもっと研究したいと思います。

劇的文体論

翻訳劇はこの他にもう一つ、言語の面でも問題をもたらしました。明治後期および大正初期に翻訳劇の影響を受けて創作劇を書いた佐野天声・岩野泡鳴・中村吉蔵などの劇作家の文体はどうも息苦しいものが多いです。その不自然なスタイルはヨーロッパ人の考え方と、英語やドイツ語の文法を異様に理屈っぽく真似ようとしているものが多く、新しい話題と人格の紹介という点ではそれなりに面白いですが、日本人が喋るような台詞ではありません。文学の言文一致は「人が話すように書く」という目的があったわけですが、演劇のほうでは、言文一致は皮肉な事に「人が書くように話す」戯曲を育てたのです。

つまり、西洋の近代劇が日本の演劇に与えたリアリズムは無理な、いわばお仕着せのリアリズムでした。平田オリザは『演劇の言葉』で、こう書いています。

その「リアル」は、日本語に依って立っておらずに、どちらかといえば、モスクワやベルリンの空想の世界に根拠を置いた。この独特の台詞回しは、のちに戦後の映画の隆盛を通して、広く国民一般に流布し、「生活言語」と「演技の言語」の乖離という事態を招いた。[5]

つまり、この「新劇調」の翻訳調の日本語は日本人には馴染みが薄く、日本人の思想や行動や感性を変えるどころか、演劇を大衆から孤立させる大きな原因になりました。

日本の劇作家はしばらくの間、あまり上演の期待が持てなかったため、かえって、自分の戯曲を磨くことを余儀なくされたのです。しかし、そのせいで戯曲は益々文学のジャンルとして扱われ、実際の上演から縁遠い自己表現にすぎないものになるという恐れがありました。谷崎潤一郎の冗漫な台詞、あるいは武者小路実篤の議論のような台詞劇がその例です。翻訳劇が創作劇の凋落に影響したことは早くから認められています。(6)

岸田国士もこう述べています。

戯曲に至っては外国劇の影響からほとんど本質的な何も摂取することができなかった。日本現代の戯曲は誇張なく、文学的表現の原始時代である。(7)

大正期のレーゼドラマっぽい傾向について「また麗々しく戯曲何々の作家として、その名前が出ていたりする当今、戯曲時代は百華絢爛その実は百鬼昼行の時代である(8)」と嘆いてもいます。

ところで、小山内はなぜ創作劇を築地小劇場で上演しないかという理由について、現代の劇作家の戯曲があまりにも「文芸的」であり、築地小劇場は戯曲を見せるのじゃなくて、演劇を見せるためのところだからだ、と主張しています。自分の恩師鷗外の発言に反論し、「戯曲を主とせず、舞台を主とする」と答えています。このように、小山内の演劇活動の大きな結果として、劇壇をきれいに文壇から切り離し、文才のある人の舞台表現を阻止したということが挙げられます。しかし、小山内はおそらく演劇の本質を守るために、近代文学という異物を出来るだけ自分の創ろうとしている演劇から排除しようとしたのでしょう。演劇の本質である語り、聴くという行為は内面へではなく、外へ向けられなければならないと小山内は言ったのです。もし近代文学が肉体から切り離されたものであるならば、自分の創っている新劇は肉体を新しい「近代的」な形で切り戻すために言葉から距離を置かなければならない——小山内はそのように信じていたのです。

こうして日本の近代劇は、回り道をしながら文学（特に小説）よりかなり遅れて成長して来ました。一方、「外へ」と向かった小山内の亜流は演劇を社会の鏡、実験室であると考え、より政治的な舞台活動へと向かいました。このようにして、日本の左翼劇は日本が近代化によって失いつつある共同体を補おうとしました。元々集団意識が強い演劇界がこのようにして、戦前の日本の帝国主義に抵抗できる勇気を左翼主義者に与えたといえます。その力は、他のインテリ（特に小説家）の及ぶものではありませんでした。その勇気は今でも賞賛すべきものだと思います。その一方で、台詞——ことば——が芝居の命だと固く信じた劇作家は、より内面へ向かって社会的現実から縁遠くなりつつありました。あるいは岸田国士のように、軍国主義者に積極的に協力したものもいます。しかし、この文学か？演劇か？という問題は、明確に割り切れるように聞こえますが、そう決めつけるのはまちがっているようにも思われます。近代化で衰えて来た演劇の表現力を嘆く私も、やはり二〇世紀初頭の演劇を理解するためには、文章のほかほとんどにたよる資料がありません。これは演劇史の記述や回想文、評論の場合は言うまでもないですが、戯曲の場合もまさにそうです。読者の立場で自分の好みも偏見も知識も含み、読んだ戯曲を私なりに勝手に判断しますと左翼劇の情熱、勇気には感動しますが、芸術という点では、岸田国士の考えに同意します。岸田は「未完成な現代劇」の中でこう書いています。

先ず第一、日本の現代劇を通じて、最も大きな欠陥とすべきは「言葉の価値」が著しく無視されている事である。「聴かせるための言葉」が、文学的にいっても、まだ極めて幼稚な表現にしか達していないことである。「語られる言葉」が「読まれる言葉」に対して、どれだけの心理的乃至感覚的効果を与えるか。この点、劇作家の用意が頗る散漫であり、俳優の工夫が至って怠慢な事である。(9)

戯曲はもっと文学にならなければならぬ、と岸田はいうものの、戯曲という文学的ジャンルはあくまでも舞台に載せるためのものであって、目で「読む」ためのものではなく耳で「聴く」ためのものである、と私は思います。

対立を避ける日本の近代戯曲

三島由紀夫は『芸術断想』の中で、「新劇のクライマクスは、あくまで対話であるべきである。相容れない二つの思想の論理的対立が頂点をなすべきである」と述べています。このように、三島は簡潔に新劇のテーマ（対立）と形式（対話）を説明していますが、日本の近代劇は必ずしもそうではないと思います。皆さんはご存じでしょうが、大正期の戯曲はおおざっぱに社会劇と「気分劇」または「静劇」（つまり、"dramestatique"）に分けられます。前者はイプセン、後者はメーテルリンクが手本になっています。しっかりした主題、鮮明な論理的な対立を打ち立てた社会劇になったのです。しかし、この劇的な対立が個人の心の矛盾や葛藤に関心を移すにつれて、劇のスケールは小さくなっていきました。大正期の戯曲は多様多彩でしたが、私が読んだ限り、創作劇として最も出来のいいものの大半は静劇に近いのです。

当時、鷗外が翻訳した劇作家以外にもイエーツ、オニールなど数多くの欧米の作家が一幕ものに取り組んでいました。この東西問わずの新しい形式の志向について、一八八九年にストリンベリが「現在に最も適切な演劇形式」として推奨しています。ペーター・ションデイは一幕劇の特徴についてルカーチに従い、近代劇の面白い矛盾を指摘しています。近代化の一つの特徴は人間（個人）の発見に伴う、その自由への探求でしたが、近代化によって人間は解放されるどころか、ある意味ではもっと縛られるようになったのです。近代以前の共同体の中では、人間関係は一種の超越的な秩序のように感じられましたが、その秩序が崩れた時点で対人（上下、家族、男女などの）関係が束縛のように感じられるようになったのです。近代劇では、人間の行動はより消極的になり、外部に向かう行為が弱くなり、その代わり、他人に対する自分自身の気持ちや苦しみが劇的な主題になるのです。この傾向もやはり近代における非演劇的な志向に関係していると思います。ストリンベリーはそれをIch Drama-turgieと呼びました。社会や家族より個人が中心となる、文学でいう私小説に相当する「私演劇」です。

近代化によって日本人の対人関係が変わったことに伴い、日本の近代劇の主題も確かに変わりました。大正期とそれ以後の戯曲は、家族制度を問題としているものが多いです。例えば、私が翻訳した戯曲のうち、長谷川時雨の『氷の雨』、菊池寛の『父帰る』、田中千禾夫の『おふくろ』は親子関係が主題。夫婦間の不和、縁切り、あるいは不倫は、岡田八千代の『黄楊の櫛』、泉鏡花の『紅玉』、鈴木泉三郎の『谷底』、久保田万太郎の『短夜』の主題になっています。主題は共通していたり、似ているのですが、それぞれ違った様式で取り扱われている点が面白いです。時間的に迫ってしまったので、これからいくつかの例をざっと挙げてみたいと思います。

まず、鈴木泉三郎の一九二一年の『谷底』の例を挙げてみたいと思います。埴淵靖子が「ある女の目覚めの劇」と呼んだこの劇は、一幕のわずか数頁の中で主人公の年代が夫の不倫を知り、その愛人を殺して、そして自殺するという非常に悲惨なものです。一四の短い場面のうち、一一もの場面に登場する年代はまぎれもなくこの劇の主人公です。年代の自殺（夫の愛人浅子をベランダから突き落として、そこから自分も身を投げる）は、これまで夫を信じていた年代の拠り所のない精神状態を暗示しています。年代の極端な行為から見れば、メロドラマの世界に近い劇なのですが、その劇的緊張感は行為より心理に、あるいは壮大なジェスチャーより細かいディテールに焦点を置いて、限られた場所と短い時間と簡潔な台詞によって年代の狂気的な目覚めを避けることのできないものとして描いている見事な作品です。泉三郎は鋭い観察でごく日常的な仕事（例えばここでの爪切りの場面）と何気ないような会話から心理的なリアリティとニュアンスを巧みに描写しましたが、劇的な美を創るのに、「写実は一つの手段に過ぎない」と言って、歌舞伎と新派に馴染みを感じていた作家でした。それに対して、美より写実にこだわった新劇を「永久に傍流」だと批判しました。泉三郎がレーゼドラマを書かなかったということは、『谷底』の熟練した舞台装置と照明の使い方から明らかです。すべてがこの劇を効果的に進めるためのものであり、無駄な言葉や動作は一つもないのです。大正期の劇作家のうち、もっと研究されるべき人だと思います。

夫の不倫によってその妻がどう変わるかというのが『谷底』の主題ですが、泉鏡花の『紅玉』(一九一三年)は妻の不倫の話で、泉三郎の劇的リアリズムと違って、その主題はかなり象徴的に取り扱われています。その話(ある日、ある家の婦人のルビーの指輪が鳥に取られ、婦人はそれを拾った男と浮気をし始める)は、ほとんどイメージや色彩の連鎖で語られているので、一読するだけではとても分かりにくい劇です。初演を山本有三が演出していますが、その野外劇を観た山宮允は、「私は『紅玉』は鏡花氏独特の美しい象徴的な言葉に充ちているが、余りファンタスティックで、かかる作品に確固たる根ざしをあたえるためになければならぬ真実性の不足を感じない訳には行かなかった」と批評しました。

私も戯曲を読んだ限りでは、そう思いましたが、二〇〇二年の大阪芸術創造館で北本マサヤが演出した舞台を観たおかげで、かなり見方が変わりました。『紅玉』は確かに難しい劇で、静劇に相応しく行動や事件といったようなものはあまりありません。(鏡花はメーテルリンクの*Pelleas et Melisande*『ペレアスとメリザンド』に刺激を受けたのではないか、と私は思います)。一人の女の心理に集中した『谷底』と正反対に、『紅玉』では、婦人とその夫と愛人との三角関係が三羽の鳥の目で冷ややかに描かれています。人間界をからかっている奇妙な芝居です。婦人の不倫の話は、ほとんど彼女の腰元やその指輪を取った鳥の回想によって語られ、ほとんど言葉のあやだけによって一つの不気味な風景が現れるのですが、鏡花らしい突飛な発想と言葉の調子に乗ったイメージは読むだけではあまりピンと来なくて、舞台で観て初めて鏡花が意図したものが理解できたように思われました。夢と現と、そして今と昔との境目が見事に演出されていたので、鏡花の詩的な心像の連鎖で、虹が指輪から花や女になり、女が鳥になるという潜在的な化身の主題が衣装や仕草や照明によってより読み取りやすくなったのです（この劇も、女の死で終わることが示唆され、夫がその浮気する二人を殺す場面が照明と暗転だけで暗示されています）。

以上の例では、大正時代の中産階級（あるいは『紅玉』の場合、上流階級か？）における女の新しい意識と男女関係を描いていますが、どちらにおいてもその主人公の女たちの積極的な自由を想像できません。女たちの生まれたばかりの自意識は一種の悲劇に終わってしまうのです。

最後の例、久保田万太郎の『短夜』は不倫ではなくて、夫婦の縁切りの話です。舞台は浅草にある千造という男の家で、これと言ったような出来事はありませんが、幕が上がると千造の甥伊三郎の酒飲みと放蕩のせいで店が潰れ、伊三郎の妻お総と縁を切ってもらうことに決まったのに、その相談がぐずぐずとつづきます。「挨拶の詩人」と田中千禾夫に呼ばれた万太郎は、三島由紀夫が提唱した対立の演劇に縁遠い作家で、その非演劇的な作風について菊池寛はこう書いています。

> 戯曲の性質として、初めから何かがhappenすることを期待している私は、久保田万太郎の戯曲『不幸』を読んで、expositionが長い長いと思っていた。もうおしまいまでに二三枚なのに、まだなにも起こらないので、私は心配になった。……私が期待していた「芝居」は、どこにも影を見せなかった。これは美しいexpositionだ。しかし、芝居ではない。

『短夜』もやはり同じく何も起こらない作品で、万太郎は構成の面でも文体の面でも劇的な対立が嫌いな作家と思えてなりません。また、三島が提唱した劇のクライマックスに向かうような『対話』もあまりなく、台詞が会話に終始しているのです。話はしているけれど、それだけなんですね。ここで話されている事件（伊三郎とお総の縁切り）は一応終わったものでその名残――特にその家族の心境――が話題になり、しかもこの劇で問題の中心に座っている夫婦の伊三郎とお総はほとんど無口です（実はお総は一言しかしゃべりません）。作者も登場人物もみんなが対立や討論を一生懸命避けようとしていますが、それでもどうしてもそれではおさまらない。その免れない不和というものがこの劇の状況であり、人は喧嘩を避けながらどうやって自分の意地を通そうとするのか、というところがポイントになります。万太郎の遠回しのドラマトゥルギーは、日本人のデリケートな気遣いや話振りをうまく再現して、何も不自然な事件や発言は起こりません。これを非近代的な日本人社会の以心伝心的なしるしととらえますと、万太郎はかなり保守的な作家だったのかもしれません。しかし、万太郎の登場人物の口下手な性質がその不自由を反映している点でチェホフによく似ています。久保田の文体の最も近代的なところは人の言う事とする事のずれにあり、これは、言語の劇的可能性そしてその限界を示す点で岸田国士と別役実に通ずるものがあります。田中千禾夫は万太郎の戯曲について「劇的素因は外的条件にあるのではなく、目に見える行動性にではなく、内心の矛盾、葛藤を孕む言葉による行動性にある」と述べているように、万太郎はいかにも近代的な劇作家でした。

以上が、私のあまり纏まりにならぬような話ですが、人間の内面をどこまで劇的に描けるか、どこまで描くべきかという問いは、大正期と昭和初期における芸術的かつ政治的な問題でした。西洋の演劇を受け入れるという点に関して言えば、新劇は主流になったでしょうが、創作劇――つまり日本人が書いた近代劇――に関して、新劇は鈴木泉三郎が言ったように、やはり傍流でした。そして、私の意見では、台詞から見た限り、近代劇で日本人の社会を描くために、社会主義と歴史を一種の超越的な理想と思っていた左翼劇作家より、久保田万太郎や岸田国士などの「温室の花」のような作家のほうが人の性格と対人関係を生き生きと描写していたと思います。言い換えれば、社会劇より静劇が日本人の性格や心理を描き出すのに相応しい、日本により馴染みやすいスタイルだったのだと思います。日本演劇を一本の直線と考えた場合、歌舞伎や野田秀樹が代表する派手な演劇（いわば“Noisy theatre”）がその一端に位置し、反対の端に静劇（“drame statique”）があると言えるでしょう。静劇の日本の演劇への大きな影響を考えますと、一九九〇年代に流行った「静かな劇」を予期していたようにさえ思えます。

（1）佐伯順子『泉鏡花』（ちくま新書、二〇〇八年）、七六頁。
（2）『泉鏡花全集』第二八巻、七一八頁。
（3）ギョリギー・ルカーチ『近代劇の社会学』（Bentley、一九八三年）、四三七頁。
（4）同右、四四〇頁。
（5）平田オリザ『演劇のことば』（岩波書店、二〇〇四年）、一〇〇頁。
（6）枡本清「新劇の凋落一九一三」。
（7）斎藤安秀「戯曲論から見た近代劇」（『悲劇喜劇』第四三巻第八号、一九九〇年）、三〇頁。
（8）岸田国士「戯曲時代」（『岸田国士全集』第一九巻、岩波書店、一九八九年）、二〇一、二〇二頁。
（9）岸田国士「未完成な現代劇」（同右）。

中国の早期話劇と日本の新劇

―春柳社と民衆戯劇社を中心に―

陳　凌虹

はじめに

中国の早期話劇は十九世紀末から芽生え、当時は新劇、あるいは文明戯と呼ばれていた(1)。それは、中国の古典演劇を継承しながら、もう一方で近代劇の影響を受けて、両者の交錯作用によって作り出された演劇様式で、中国の現代演劇――話劇の誕生を促した演劇様式でもある。話劇は「対話とそれに伴う身体動作に基づく演劇(2)」形態であり、日本語の新劇、近代劇(3)という用語と意味がほぼ共通している。

この早期話劇の発祥と発展の歴史を遡れば、日本との深いつながりが目立っている。中でもとりわけ、中国最初の早期話劇団――一九〇六年に東京で創立された春柳社は、日本演劇界の養分を吸収したため、同時代の他の演劇団体に比して演出形態・舞台美術などの面においてより近代的な演劇理念を見せていた点で高い評価を得ている。春柳社に限らず、十九世紀末から話劇成立（一九二四年）までのおよそ二十余年間で、日中間の演劇交流も活況を呈していた。ここで言う日本演劇界の養分とは勿論、明治後期活躍していた新派、またはこの時期から発足した新劇の両方から成り立っている。本論文は主に早期話劇と新劇、つまり話劇成立までの中国近代演劇が日本の新劇から如何なる影響を受けたかに焦点を当てようと考える。

一　早期話劇の発生と日本

1　春柳社と新派

清朝末期、梁啓超《りょうけいちょう》（一八七三―一九二九）が唱えた「小説界革命」の小説概念には戯曲も含まれていた。彼は自ら『刧灰夢伝奇』『新羅馬伝奇』などの戯曲を書き、「シェイクスピア、ヴォルテールの作風を引き継ぎ、中国劇界に革命軍を起こす」[4]と唱導した。このように、伝統演劇に基盤を置きながら、西洋近代劇の受容によって繰り広げられていく近代演劇改良は二つの流れに分かれていた。一つは改良京劇、もう一つは文明戯（早期話劇）である。当時の社会情勢に呼応して、演劇改良の目標は社会改良に掲げられ、演劇は革命宣伝の役割を果たしていた。例えば、二十世紀初頭、京劇界の汪笑儂《おうしょうのう》（一八五八―一九一八）は古代歴史に取材した『哭祖廟』『党人碑』と西洋歴史に取材した『瓜種蘭因』（『波蘭亡国惨』）、そして一九〇八年に中国最初の近代的劇場を建設した夏月潤《かげつじゅん》（一八七八―一九三一）は阿片の毒害を反映する『黒籍冤魂』などの改良京劇を続々と舞台に出し、観衆を大いに鼓舞した。また、一八九九年に上海の聖約翰書院と徐匯公学の学生による西洋劇の上演をきっかけに、文明戯の萌芽と思われる濃厚な政治色を帯びる学生演劇も盛んになっていく。

一方、本格的な文明戯は前述の留学生により東京で創立された春柳社において上演された。日本を通して、西洋文明を学び取り、国の振興に力を尽くす志をもった留学生たちが日本に渡ってきた時、ちょうど日本の劇壇では新派劇が脚光を浴び、興隆期の本郷座時代を迎えていた。彼らはリアルな台詞で身近な出来事を演じて、近代的な照明や装置を具えた新派の舞台に接し、旧戯改良と新劇研究の必要性を実感して、同志を集め春柳社を成立した。結果として、一九〇六年から一九〇九年までの間に、東京で主に五回の上演活動(5)を行い、新派俳優藤沢浅二郎（一八六六―一九一七）の指導を受け、新派の本拠地本郷座の舞台にも登った。その演目の多くは新派劇の重訳であり、俳優の演技も喜多村緑郎（一八七一―一九六一）、河合武雄（一八七七―一九四二）といった新派名優に私淑し、新派を常に手本にしていた。そして新派に学んだものを中国国内に伝えたわけである。その詳細については別稿(6)に譲るので、ここでは日本の新劇との関連に注目していく。

2　春柳社と新劇

二―一　李叔同と前期文芸研究会・春柳社文芸研究会専章と文芸研究会会則

春柳社の創立が一九〇六年二月十七日に芝紅葉館で発足した文芸協会から影響を受けたことは最近の研究(7)で注目されつつある。「文芸協会設立の趣意」には「新興の国運に応じて我が文学、美術、演芸の刷新を図り、以て当代の文化を資けんがため、同志者相議して茲に文芸協会を設立す(8)」と書いてあるが、発会式の演説において更

図１　李叔同
（東京美術学校卒業生制作〈自画像〉）

図２　李叔同の扮する椿姫
（春柳社・東京第一回公演
1907.2.11、中国青年会館）

に設立の趣旨について詳しく説明されている。

今や秩序整斎し国運隆々として振ひ興るの時我が文芸界の状態の尚依然として旧時のままなるは如何ぞや新日本の文明を代表するに足るべき芸術は未だ起らざるにあらずや、而も旧日本の美術、演芸などは漸く萎靡せんとする頃あるにあらずや、保存の急と刷新の急と双つながら眉辺に迫りながら、尚其功のあがらざるは如何。(9)

つまり、文芸の保存と刷新の両方が目標とされている。これを実現させるための方法は協会規則(10)第二条に述べられている。

第二条　本会の目的を達せんが為め取るべき手段は左の如し
一、雑誌発行
『早稲田文学』を以て之れに充つ
二、文芸講演
講習会、朗読、文学講演、哲学講演、宗教講演、美術講演、教育講演、風俗研究
三、演芸刷新
雅劇、新社会劇試演、新曲試奏、新話術試演
四、旧演芸研究
俗曲研究、舞踊研究、能楽研究、歌舞伎研究、洋楽研究、洋劇研究、雅楽研究、講談落語研究

五、前記諸方面に渉れる社交機関として倶楽部を成立する事
六、芸術館を建設する事
七、演芸学校を興こす事
八、文芸保護案を立つる事

やや遅れたが同じ年に設立された春柳社も『春柳社文芸研究会簡章[11]』と『春柳社演芸部専章[12]』を発表していた。それを読むと、文芸協会設立の趣意、規則との類似に気付く。

まず『簡章』を見てみよう。


本社は文芸研究を目的とし、詩歌、文章、書画、音楽、戯曲と演劇のあらゆる分野は皆その中に属す。

本社は毎年の春と秋に大会を二回開く。書画を展覧したり、楽劇を演奏したりする。また、定期的に雑誌を発行したり、随時に小説、脚本、絵葉本などを刊行したりする（方法は別に専章にある）。

凡て文芸研究のために入社する方は社員とす（社員の事務と月ごとの会費については別に専章がある）。

本社の宗旨に賛同する者は、名誉賛成員と推薦する（会員以外）。

社員と名誉賛成員を問わず、本社が発行した出版物は発行された時にそれぞれ一部贈り、料金を取らない。


文芸協会が芸術館の建設も掲げているように、春柳社も演劇のみならず、文学・美術・音楽研究を含む総合的な芸術機関として発足したのである。

『専章』において、演劇の社会教育の効用が最初に述べられ、「日本の新派俳優は大半が学者である。早稲田大学文芸協会に演劇部があり、教師生徒を問わず皆演技を披露する」という手本を挙げ、具体的に箇条書きしている。

一　本社は各種の文芸研究を目的とする。発足してまもなくは、整備を全うことが難しいので、まず演芸部を設立、戯曲を改良し、気風移転の一助となす。

一　演芸は大別して二つある：新派演芸（言語動作をもって人を感動させるのが主で、即ち今日欧米で流行っているもの）、旧派演芸（わが国の昆曲、二黄、秦腔、雑調はそれである）。本社は新派の研究を主とし、旧派を付属とす（旧派脚本に固有の言葉と語調はその優れているものを選択して使えるが、舞台や背景は必ず改良すべきである）。（後略）

同様に文芸協会も最初に演芸部を設け、旧派の保存と新派の研究に力を入れたことが想起される。

簡章と専章の起草者は創立者の一人――李叔同《りしゅくどう》(13)（一八八〇―一九四二）（図1、2）であった。一九〇七年一月の『文芸協会々員名簿』には李叔同の名前が確認でき、住所は「下谷区池ノ端七軒二十八、鐘声館」、会員番号は「五一九」として登録されている(14)。それより以前に、李が文芸協会に参加していなかったとしても、文芸協会のことを知っていたと思われる。協会設立の趣意、規則は『早稲田文学』に連続して掲載されていたので、当時は簡単に見ることができたはずである。文芸協会は春柳社文芸研究会の成立に契機と手本を提供したと言えよう。劇評家の伊原青々園（一八七〇―一九四一）もこう言った。「清国留学生中に一種の文芸協会があって之を春柳社といふ、本国芸界改良の先導たる事を目的として新旧戯曲を研究して居る」(15)。

二―二　陸鏡若と坪内逍遥の演劇研究所

文芸協会の影響はそれだけにとどまらなかった。一九〇九年二月、坪内逍遥（一八五九―一九三五）が文芸協会の停頓[16]を打開し、演劇革新に踏み切るため、演劇研究所を設立し、後期文芸協会の責任を負った。坪内逍遥は演劇研究所設立の趣旨を以下のように述べた。

文芸協会で演劇研究所を設けたのは、普通、俳優養成を目的として設立するものとは大分趣を異にしている。藤沢のや川上のは偏に俳優を造るを目的としているようだが、吾々のは一段意味を広くして言う演劇の研究所である。（中略）即ち二年の修養によって、先づ脚本の何たるかを知り、劇の何たるかを知り、舞台面一切の取扱方の大要をも知り、湊合芸術の他の独立芸術と異なる所以をも解するの階梯となれば足るのである。云わば演劇学の豫科なのである。[17]

ここで注目したいのはこの研究所に春柳社の主要メンバー陸鏡若《りくきょうじゃく》（一八八五―一九一五）[18]（図3）が参加していたことである。

陸鏡若は一九一一年五月の文芸協会第一回公演『ハムレット』に出演したそうである。[19]『文芸協会第一回公演備忘録』の最後に次のように彼の名前が記してある。

「別員　陸輔　鼓常良」

また、大阪角座の文芸協会「ハムレット」の台本寄書[20]に上山草人（一八八四―一九五四）などと一緒に陸輔のサイン（図4）が見える。上山草人は一九一一年四月に第一期生として卒業したが、藤沢の俳優学校から退学し、途中で文芸協会研究所に移ったのである。彼は春柳社の創始者、李叔同と同じ時期に東京美術学校に留学してい

図3　東京留学時代の陸鏡若

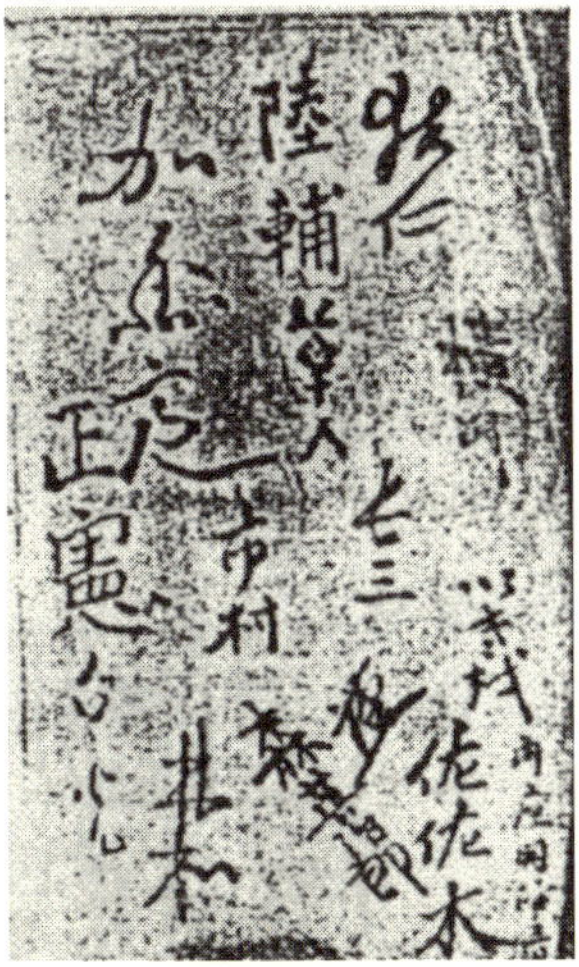

図4　「陸輔」のサイン
（大阪角座の文芸協会
「ハムレット」台本寄書）

た曾孝谷《そうこうこく》（一八七三―一九三六）[21]と交友関係があったと推測される。[22]この推測が成立するなら、陸鏡若も同じように俳優学校を経て、文芸協会研究所に入学したのは上山とは何か関係があったと考えられる。

一九一一年十一月、陸鏡若は帝国劇場で行われた第二回公演『人形の家』と『ベニスの商人』にも出演した。[23]その時の『備忘録』に掲げられた登場者氏名の末に、

「研究生　岡田謹之助　倉橋仙太郎　（陸輔　久保田勝弥）」

と記してある。

欧陽《おうよう》予倩《よせん》（一八八九―一九六二）[24]の回想では、「鏡若が藤沢浅二郎の俳優学校で勉強して、後に早稲田大学の文芸協会に参加し、島村抱月、松井須磨子また現在の早稲田大学演劇博物館館長河竹繁俊と付き合い、さらに『ハムレット』の中で、兵士の役に扮したことがある」[25]と言っていた。文芸協会の学生名簿によると、一九一一年五月、陸鏡若は二期生として入学していた。[26]

陸鏡若は研究所で何を勉強したのだろう。研究所の学科目は坪内逍遥が沙翁劇と実演、島村抱月（一八七一―

一九一八）が「近世写実劇」の代表としてイプセンの『人形の家』、伊原青々園が歌舞伎史、土肥春曙（一八六九―一九一五）がイプセンの『ヘッダ・ガブラー』の翻訳などをテキストにして朗読法の実習、松居松葉（一八七〇―一九三三）が発声法の研究と実習指導などを講じていた。

研究所はまた学生に対して「規」[27]と題した法三章を出していた。

一、本研究所生ハ我劇壇ニ新芸術ヲ興スト共ニ旧来ノ演劇及俳優ニ纏着セル陋弊ヲ一洗シテ其社会的地位ヲ高ムルヲ理想トスベシ

一、本研究所生ハ芸術ニ対シ常ニ真摯厳粛ノ態度ヲ持シ軽佻ヲ戒メテ大成ノ道ヲ畢生ノ研究ニ求ムベシ

一、本研究所生ハ本所ガ其地位組織及精神ニ於テ我邦演劇機関ノ率先者タルノ責任ヲ自覚シ深ク自カラ重ンズベシ

陸鏡若はここで勉強したもの――実舞台の経験・演劇の理論・芸術に対する真摯な態度、それにシェイクスピアやヨーロッパ近代劇を紹介しようとする考えも中国に持ちかえったのである。

欧陽予倩によると陸は「文芸協会入会後、西洋の古典劇とりわけシェイクスピアの演劇に興味が湧いてきた。島村抱月、松井須磨子が『復活』（『人形の家』の誤り――筆者注）を演じ、大きな成功に至ったのを見たのと同時にイプセンの戯曲を読んだので、文芸協会の方法に傾いてきた。帰国してから、彼はシェイクスピアや、ロシア古典劇などをやりたがった。さらに彼はリアリズムのヨーロッパ近代劇を一つずつ紹介しようとした」[28]。帰国後の陸は演劇をやる傍ら、「毎日、西冷印社で戯曲を翻訳していた。（中略）その時、彼が翻訳し終わったのはトルストイの『復活』、イプセンの『ヘッダ・ガブラー』及びモリエールの喜劇二つであった」[29]。上海では春柳社の演

劇は必ずしも当時の観衆の支持を受けなかった。しかし、いくら経営が悪化していっても、「陸鏡若は悲観的な態度を示したことがなかった。彼は私たちにこう言った。日本文芸協会が解散した時に坪内逍遥博士が重い病気で入院した。劇団なんかしないほうがよいという勧めに対して、坪内が「ナポレオンも失敗したことがある」と答えた。そして、「心配しないで、方法が必ずあるよ」と微笑みながら言った」(30)。このように文芸協会の影響は彼の精神の深いところまで染み込んでいたのである。

一九一四年九月の『俳優雑誌』第一号に陸鏡若は「伊蒲生之劇」（イプセンの劇）を発表した。一九〇八年二・三月、雑誌『湖南』二・三号に掲載された魯迅の「摩羅詩力説」に「伊孛生」の表記で『民衆の敵』を取り上げたのがイプセン紹介の最初だとされるが、陸鏡若の論文は本格的にイプセンを紹介した最初のものといえる(31)。論文のはじめにはこう書いてある。

鏡若が叔鸞に曰く：今わが国が皆挙って新劇のことを言う。新劇は実は外国の「ドラマ」に胚胎しているので、新劇を言うには「ドラマ」の源を遡る必要がある。しかしながら、新劇の最近の傾向を見てみると、十九、二十両世紀が交替する際に「シェイクスピア」の強敵「ドラマ」の著作大家「イプセン」がいることを知っておかなければならぬ(32)。

この文章は坪内逍遥のイプセン論を陸鏡若の口述で馮叔鸞《ひょうしゅくらん》（一八八三―一九四〇?）が筆録したものである。ギリシア劇からシェイクスピアにかけて、ヨーロッパの演劇発展史に簡単にふれた上、「欧州近代劇界の最新傾向」であるイプセンを持ち出し、五十一歳以降の作品――『人形之家』『亡魂』『民衆之敵』などを取り上げた。劇作の題目と出版年だけを列挙しているが、「以上の諸作は皆イプセンの社会劇と称され、欧州現代社会の実像を描写する名作である」「その文章は世人を驚かせ、後世に名を残す迫力が十分ある」と述べ、逍遥の言説をそのまま復唱しているが、それに感銘を覚え、将来における写実の社会劇の活躍を予言する先見性は注目に値する。

しかし、陸鏡若が日本より遥かに社会の近代化の遅れた中国で、ヨーロッパの近代劇を紹介しようと思っても、思う通りにいくはずがなかった。「彼が文芸協会から持ってきたシェークスピア、トルストイ、イプセンなどは、全然舞台に出したことがなかった」「彼はアイデアは多かったが、実際は、日本の新派劇を紹介しただけであった」(33)。中国での本番の西洋劇紹介は十年遅れの新文化運動においてであった。

二　民衆戯劇社の自由劇場運動と日本

前述した春柳社は一九〇六年―一九一〇年に主に東京で公演活動を行ったが、辛亥革命後、メンバー一同が帰国し、最初は蘇州、湖南省などを転々としていたが、一九一四年四月十五日から上海の謀徳利劇場にて「春柳劇場」と銘打って定期上演を始めた。そして同時期に活躍していた新民社、民鳴社などの劇団と一緒に「甲寅中興」(一九一四年)といわれる文明戯興隆期を作り上げた。文明戯興隆期にもっとも頻繁に上演された演目は『悪家庭』(新民社)、『西太後』(民鳴社)、『家庭恩怨記』(春柳社)など、筋の展開が紆余曲折で、華やかな舞台衣装と道具が備わる宮廷や家庭メロドラマであった。「舞台で演じられると、十人のうち五、六人が賞賛する原因は内容が浅くて分かりやすいからだ」(34)と論じられたように、当時の観客の大多数はこの種の劇を好んでいた。拙論(35)で検討したが、上海の近代都市開発に伴い成長してきた新しい市民、とりわけ女性観客が劇場で大きな割合を占めていた。彼らは旧劇のファン「票友《ひょうゆう》」とは違い、旧劇を鑑賞するに備えるべき知識を持っていなかったため、内容が平易な文明戯を支持したわけである。ましてや、文芸協会で近代劇の素養を身につけた陸鏡若がイプセンなどを上演しようとしても容易に実現できなかった。

一九一五年以降、戯曲の欠乏や俳優の堕落といった内部の腐敗等で、文明戯は廃れる兆しが見えてきた。一九一五年九月十五日に創刊された『新青年』には一九一八年六月にイプセン特集、十月に演劇改良特集が組まれ、新文化運動の一環として系統的な西洋近代劇の受容が展開されていくが、演劇の現場においてはなお試行錯誤が繰り返されていた。一九二〇年十月十六日、清末から改良京劇に取り組んできた新舞台において、文明戯と京劇の俳優の手によってバーナード・ショウ（George Bernard Shaw, 1856-1950）『ウォーレン夫人の職業』（Mrs Warren's Profession）を上演したが、失敗に終わった。その失敗は戯曲・俳優・観客の各方面の原因によったが、中国最初の近代劇上演として功績が認められている。

1　民衆戯劇社と自由劇場運動

このような背景のもと、一九二一年三月に上海で民衆戯劇社が創立された。発起人は沈雁氷《しんがんひょう》（一八九六―一九八一）、鄭振鐸《ていしんたく》（一八九八―一九五八）、熊仏西《ゆうぶつせい》（一九〇〇―一九六五）、陳大悲《ちんだいひ》（一八八七―一九四四）、欧陽予倩、汪《おう》仲賢《ちゅうけん》（一八八八―一九三七）、徐半梅《じょはんばい》（一八八一―一九五八）（図5）などの一三人で、「目覚めた文明戯俳優と新文化運動を担う知識人の連合体として作られた」[36]。設立の趣旨は「民衆戯劇社宣言」[37]に述べられている。

バーナード・ショウは嘗て「劇場は宣伝主義の場所である」と言った。これは必ずしもそうではないが、われわれはせめて以下のことを言える。観劇を暇つぶしと見なす時代が既に過ぎ去った。劇場は現代社会において実に重要な位置を占めており、社会を前進させる車輪の一つであり、また社会の病根を見つけるレントゲンであり、正直無私の反射鏡でもある。一国民の程度の高低は赤裸々にこの大鏡に映し出され、少しも逃れることができない。このような劇場は中国に存在しておらず、われわれが力の微弱を省みず作り出そうとしているものである。

独立した演劇の確立、それを社会変革の武器にしようとする新文化運動の主旨を引き継ぎながら、世界で進行した自由劇場運動を中国で興そうとする意気込みが読み取れる。自由劇場運動は、十九世紀末ヨーロッパで興隆した演劇の革新運動で、「ロマン派以来の演劇の堕落に対する反発が文学における自然主義の運動と結びつき、ドラマの奪回と近代精神の具体的な反映を企図したものとみられ、イプセン、ストリンドベルイの中期の戯曲がこれに大きな影響を与えていた[38]」。フランスは先頭に立ち、一八八七年アントワーヌはパリで自由劇場を創設、一八八九年ドイツの自由舞台、一八九一年イギリスの独立劇場、一八九八年モスクワ芸術座が相次いで現れた。日本では一九〇九年に小山内薫（一八八一―一九二八）（図6）と二世市川左団次（一八八〇―一九四〇）が自由劇場を設立し日本の新劇史に大きな足跡を残した。その開設の目的は「本劇場は会員組織の一団体にして、会員の総数を興行資本主併せて客看と頼み、主として俳優を職とする者を技芸員として、新時代に適応せる脚本を忠実に試演し、新興脚本の為、新興演劇の為に、一条の小径を開くを以て目的とす[39]」とうたわれた。自由劇場が活動を始める頃はちょうど前に触れた春柳社のメンバーが日本にいた時期である。しかし、その回想録や記録に自由劇場のことはまったく言及されていない。原因は定かではないが『戯劇』同人が自由劇場運動を知ったのはやはり日本経由の可能性が高いと思

図5　徐半梅

図6　小山内薫

われる。つまり、十年遅れた時点で中国演劇人（元春柳社員も含む）の中にある日本・自由劇場の影響が民衆戯劇社の機関誌『戯劇』を通して確認することができる。

2　『戯劇』と小山内薫の自由劇場論

「民衆戯劇社宣言」の中で、「われわれは一種の月刊を先に出版し、名前は『戯劇』である。これを借りてわれわれの主張を発表し、西洋の学説を紹介し、国民に議論してもらう(40)」と書いてある通り、一九二一年五月に『戯劇』が創刊された。この雑誌は一九二一年五月から十月にかけて上海民衆戯劇社から六冊、その後売れ行き不振などの原因で一旦中断して、翌年一九二二年一月から北京に拠点を移し、四月まで新中華戯劇協社によって四冊、合わせて十冊が刊行されていた。

『戯劇』は近代劇の理念を紹介したことで中国演劇史上において高く評価されている。「彼等の努力は破壊と建設の両面に分けられる(41)」と評価されるように、破壊の面は主に伝統劇と文明戯への反対に現れている。例えば、蒲伯英《ほはくえい》（一八七五―一九三四）「戯劇要如何適応国情」（「演劇は如何に国情に適応するか」）では、旧劇は社会の病的状況を助長させるものだと論じ、鄭振鐸「光明運動的開始」（「光明運動の開始」）と陳大悲「戯劇指導社会社会指導戯劇」（「演劇が社会を指導し、社会が演劇を指導する」）は「一言に総括すると、今までの新劇は旧社会が咲かせた花、旧社会が実らせた果実である(42)」と言い、文明戯を「偽新劇」だと批判した。それを踏まえ、『戯劇』は「真新劇」を建設するために理論的な準備をした。中国の近代劇の確立者である洪深《こうしん》（一八九四―一九五五(43)）はその理論的な貢献を以下のようにまとめた。

第一、娯楽を重視すること。即ち戯劇は観衆を教導する役割以外、正当な娯楽を観衆に提供するのも基本要求の一つである。

第二、彼等は「舞台上の演劇」を主張した。即ち、「紙面上の演劇」だけでは、芸術の任務を完成できない。

第三、彼等は当時訳された西洋劇が社会に適応できないので改訳或は創作を主張した。

第四、彼等は劇場の建設、舞台と楽屋の管理と組織を改善することを主張した。

第五、彼等は演劇の従事者が、進歩的な演目を持って社会における演劇界の地位を高めるべきだと主張した。

第六、彼等は非職業の演劇を用いて商業戯劇の弊害を正すことを主張した。(44)

以上のように、『戯劇』は戯曲・上演・興行などの面から「真新劇」の内容を浮かび上がらせた。

しかし、それ以外に、民衆戯劇社・『戯劇』と自由劇場運動、とりわけ日本の自由劇場運動との関連性はほとんど論じられてこなかった。前引した洪深『中国新文学大系　戯曲集』における「導言」を始め、中国の代表的な話劇史著書『中国現代戯劇史稿』(陳白塵ほか主編、中国戯劇出版社、一九八九年)と『中国話劇通史』(葛一虹主編、文化芸術出版社、一九九〇年)も『戯劇』における数少ない日本語論文からの訳文に言及していない。日本では瀬戸宏「民衆戯劇社『戯劇』と自由劇場運動」(西洋比較演劇研究会『西洋比較演劇研究』創刊号、二〇〇二年三月。後、『中国話劇成立史研究』(東方書店、二〇〇五年)の「第十一章」に収録されている。小論の引用はこれによる)は最初にその関連性に触れた論考で、価値が高い。小論では『戯劇』と日本の自由劇場との関係をもう少し掘り下げてみることにする。

筆者の調査によって『戯劇』における日本語から訳した記事を表にまとめると次頁の通りである。

	訳者と題目	日本語の作者と原文
第一巻第一号	①周学溥「英国近代劇之消長」	舟橋雄「英国に於ける近代劇の消長」（『新文芸』、1921年）
	②徐半梅「無形劇場」	小山内薫「グラインの「独立劇場」」前半（『歌舞伎』、1909年４月）
	③徐半梅「古拉英的独立劇場」	小山内薫「グラインの「独立劇場」」後半（同上）
	④徐半梅「演劇協会」	小山内薫「ステイジソサイエティ」（『歌舞伎』、1909年５月）
第二号	⑤徐半梅「一封談無形劇場的信」	小山内薫「俳優D君へ」（『演芸画報』、1909年１月）
	⑥徐半梅「英国愛白二氏的合同演劇」	小山内薫「エドレン・バアカア合名演劇」（『新小説』1908年12月—1909年１月）
第三号	⑦徐半梅「劇場総理劇本主任和舞台監督」	ハーゲマン『舞台芸術——演劇の実際と理論』（新関三良訳・内田老鶴圃、1920年）
第四号	⑧徐半梅「徳国的自由劇場」	小山内薫「ドイツの自由劇場」（『歌舞伎』、1910年４月）
第五号	⑨徐半梅「莎翁劇之疑問」	長谷川天渓「沙翁に就ての疑問」（『太陽』、1912年１月）
	⑩徐半梅「日本自由劇場第一次試演談」	小山内薫「『ボルクマン』の試演について」（『歌舞伎』、1909年12月）
	⑪徐半梅「大久保栄一封調査名劇的信」	小山内薫「大久保医学士の手紙」㊺
第二巻一号	⑫徐半梅「舞台監督底本質」（一号—二号）	ハーゲマン『舞台芸術——演劇の実際と理論』（新関三良訳・内田老鶴圃、1920年）
	⑬徐半梅「先得新土地」	小山内薫「まず新しき土地を得よ」（『演芸画報』、1909年４月）
	⑭周建侯ほか「近代劇大観」（一号—四号）	宮森麻太郎『近代劇大観』（玄文社、1921年、イプセンの項）

これらの翻訳文は「自由劇場運動を中国で興そうとする」民衆戯劇社の主旨に呼応して世界各国の運動状況を紹介するものである。特に、日本留学の経験をもち、春柳社社員だった徐半梅の文章は第一巻一号から第二巻二号まで毎回一本以上掲載されていた[46]。イギリスの独立劇場・舞台協会、ドイツの自由劇場・日本の自由劇場に関する紹介で、その多くは『歌舞伎』や『演芸画報』に寄せた小山内薫の論説である。その他、舞台監督の本質など舞台芸術に関する論文もハーゲマンの日本語訳本から取ってきた。この中で訳作と明記するものが少なく、出典もほとんど書かれていないが、中国の事情に適応してうまく翻案したものもある。例えば、小山内薫「グラインの「独立劇場」」前半に、「まず諸君が電車に乗って、木挽町という停留場でお降りになると、立派な建物がある。あれは歌舞伎座とかいう劇場だ。また久松町という停留場でお降りになると、そこにも又宏大な建物がある。これも明治座とかいう劇場だそうである[47]（後略）」とのくだりを「諸君が中国の各大都会、大商港に行くと、例えば京津滬漢等で、某舞台、某劇場と呼ばれる極宏大な建物がある[48]」と訳している。中国の読者には違和感なく読めるように工夫されている。

徐半梅は日露戦争前に日本で体育を学び、一九〇五年に上海に戻って、文明戯に携わった。日本語雑誌から西洋の脚本、演劇理論の翻訳を行い、舞台でも女形や道化役が得意であった。その回想録には「私は毎月虹口で演劇に関する日本語雑誌を何冊も買っていた。文芸雑誌の中でも脚本を載せているものを必ず買って帰るのだった[49]」と書いてある。『戯劇』の訳文の原文が載せられた『歌舞伎』『演芸画報』『新小説』『太陽』などの文芸誌も、虹口にある日本人経営の本屋で手に入れたのだろう。清末民初の日中演劇界の連携は春柳社を代表とする文明戯運動によって知名度を高められたが、二十年代の『戯劇』から見ても、清末民初に引き続いて、日本文芸界の動きは雑誌というメディアによって中国に伝えられ、また中国の文芸界に影響を及ぼしていたことが確認できる。

小山内薫と左団次の自由劇場は一九〇九年十一月から一九一九年九月にかけて合わせて九回の公演を行ったが、戯曲偏重の性格により「全体として、それは演劇運動というよりも、はるかに文学運動に近かった[50]」と指摘されている。それに対し、民衆戯劇社は創立当初演劇実行部の設置を構想していたが、結局実演を持たずに終わった。しかし、「民衆戯劇社自身は演劇の実践に欠けているが、その唱導のもとで、北方では北京を中心に、南方では上海を中心に、「アマチュア演劇」のブームが全国に波及した[51]」。『戯劇』に掲載された戯曲は実際に学校の劇団などによって上演されたりもしていた。その中に、徐半梅訳・久米正雄（一八九一―一九五二）作『三浦製糸工場主[52]』も含まれる。

創作でもないし、翻訳でもないので、改作と呼ぶしかない。原題は『三浦製糸工場主』で、著者は帝国劇場の久米正雄で、「自由劇場」を組織した小山内薫氏の弟子である。三年前、わたくしが欧陽予倩君と当劇場内部を見学、当劇場に付属する女優学校を調査する時、久米氏も熱心に案内してくれて、一生懸命説明してくれた。従って、彼は演劇において学問と経験が豊かな人だと分かったわけである[53]。

前にふれた論説文も戯曲と同じように「改作」の方法が使われたことを思い出される。自由劇場を見学したのは一九一九年七月のことで、欧陽予倩が江蘇省南通の俳優学校の設立準備で徐半梅と日本の俳優学校を見学した。見学の成果を活かし、同年九月に中国初期の演劇学校の一つ――「南通伶工学校」とその付属劇場「更俗劇場」を開いたわけである。

以上のように民衆戯劇社・『戯劇』は「真新劇」（話劇）のために、演劇芸術の各方面から理論的な礎を築き、実際の舞台上演をも推進した。その中で、日本自由劇場運動の旗手である小山内薫の自由劇場論が大きな要素として働いていたのである。

おわりに

文芸協会と春柳社、そして自由劇場（民衆戯劇社）は、共に日中近代劇の草創期に設立された演劇組織である。小論はこの二組の例を取り上げて、中国近代劇の成立は日本演劇界の経験と智慧を多く蒙ったことを明らかにしたと思う。

一方、両国とも近代劇の黎明期から、程度の差があったにもかかわらず、女形と女優の問題、芸術と営利の矛盾、翻訳劇と創作劇の関係など、共通した難問に直面していた。文芸協会と自由劇場、そして春柳社と民衆戯劇（社）の後も日中の新劇家たちが悪戦苦闘を続けていくうちに、一九二四年六月十三日に土方与志と小山内薫が新劇の常設劇場――築地小劇場を開設、一九二四年五月四日に上海戯劇協社によるオスカー・ワイルド（Oscar Wilde, 1854-1900）の『若奥様の扇』（*Lady Windermere's Fan*）の上演が成功を収め、それぞれ自国社会で西洋伝来の近代劇の地盤を固めていったのである。

（1）本論は論述上「早期話劇」と「文明戯」を同時に記述しているが、詳細に言うと「文明戯」は主に五四新文化運動までの商業演劇の形を取っていた春柳社、新民社などの活動を指すが、「早期話劇」は広く話劇成立（一九二四年）までの近代劇運動に指している。

（2）瀬戸宏『中国話劇成立史研究』（東方書店、二〇〇五年）、iii頁。

（3）「近代劇」は十九世紀末から二〇世紀初頭のイプセンなどに代表される演劇を起点とし、「「近代戯曲」の上演によって舞台に創造されたリアリズムの演劇」（河竹登志夫『近代演劇の展開』、日本放送出版協会、一九八二年、二七頁）で、「近代の理念や精神を最も純粋に反映した演劇」（「近代劇とは何か」、瀬戸宏前掲書四二頁）である。

（4）梁啓超「中国唯一之文学報〈新小説〉」（『新民叢報』一四号、一九〇二年八月一八日）。

（5）

	時間	場所	演目	原作
第一回	一九〇七年二月中旬	中華基督教青年会館	巴黎茶花女遺事（第三幕）	デュマ・フィス『椿姫』
第二回	一九〇七年六月一、二日	本郷座	黒奴籲天録	ストウ夫人『アンクル・トムの小屋』
第三回	一九〇八年四月一四日	常磐倶楽部	生相憐	不明
第四回	一九〇九年一月	錦輝館	鳴不平	Jules Jouy『社会之階級、或は八九年之原則』
第五回	一九〇九年三月	東京座	熱涙	サルド『ラ・トスカ』（田口掬汀の和訳本『熱血』）を翻案

上演状況に関して、黄愛華『中国早期話劇与日本』（岳麓書社、二〇〇一年）に詳しいので、参照されたい。

（6）拙論「『不如帰』と『家庭恩怨記』——そのメロドラマ的性格をめぐって」（『文明戯研究の現在』、東方書店、二〇〇九年二月）、「『椿姫』、『茶花女』、『新茶花』—— 日中における演劇『椿姫』の上演とその意味」（『演劇博物館グローバルCOE紀要　演劇映像学二〇〇九』、二〇一〇年三月）で触れている。

（7）黄愛華前掲書は代表的な論考である。なお、伊藤茂「藤澤浅次郎と中国人留学生（春柳社）の交流の位置」（『人文学部紀要』二五号、神戸学院大学、二〇〇五年三月）は、春柳社と陸鏡若が「新劇」の性格をもつ東京俳優養成所から受けた新劇的な影響を論じた。

（8）「文芸協会設立の趣意附会員募集」（『早稲田文学』、一九〇六年三月）。小論は古い資料の引用に際して、基本的に旧字体と旧仮名遣いを新字体と新仮名遣いに訂正して用いた。
（9）「文芸協会記事・発会式・大隈会頭演説の稿」（『早稲田文学』、一九〇六年三月）。
（10）「文芸協会規則」（同右）。
（11）『大公報』、一九〇七年五月十日。
（12）阿英『晩清文学叢鈔・小説戯曲研究巻』（中華書局、一九六〇年）、六三五頁。
（13）李叔同は別名哀あるいは岸、字は息霜、後に出家して弘一法師と称す。一九〇五年八月に日本へ渡り、漢詩の結社「随鷗吟社」に参加するなど、日本の文化人との幅広い交際を展開し、一九〇六年九月に東京美術学校西洋画科に入学した。
（14）『文芸協会会員名簿』、早稲田大学演劇博物館蔵。
（15）青青園「清国人の学生劇」（『早稲田文学』、一九〇七年七月）、一〇八頁。
（16）文芸協会は文学・美術・演芸の保存と刷新という膨大な構想を抱え、総合的な機関として出発したが、結局演劇以外は活動が挫折してしまい、一九〇九年二月に坪内逍遥が直接指導に乗り出した。
（17）坪内逍遥「演劇研究所について」（『趣味』第四巻第五号、一九〇九年五月）、二四頁。
（18）陸鏡若、名は輔、字は扶軒、鏡若は芸名である。江蘇省常州の生まれである。一九〇九年、東京帝国大学文科哲学科に入学していた。春柳社を発起したのは李叔同で、前へ推し進めたのは陸鏡若だと言えるように、後期春柳の中心メンバーである。
（19）中村忠行「『春柳社』逸史稿（二）――欧陽予倩先生に捧ぐ」（『天理大学学報』第二三巻、一九五七年三月）、三八頁。
（20）河竹登志夫『日本のハムレット』（南窓社、一九七二年）。
（21）曾孝谷は名が延年、号が存呉、四川省成都の出身。一九〇六年九月に東京美術学校西洋画科に入学、春柳社初期の中堅人物で早期話劇の創始者である。

(22) 浜一衛「春柳社の黒奴籲天録について」（『日本中国学会報』、一九五三年三月）、一一八頁。
(23) 中村忠行前掲論文、四〇頁。
(24) 欧陽予倩、名は立袁、号は南傑、芸名は蓮笙、蘭客など。湖南省瀏陽の生まれ。一九〇二年日本へ留学に行き、一九〇五年まで成城学校に在学していた。一九〇七年再び日本に赴き、明治大学商科に入学した。この時期から春柳社に参加し、帰国後も春柳社主要メンバーの一人であった。中国早期話劇と現代話劇の創始者である。
(25) 欧陽予倩「回憶春柳」（『欧陽予倩全集第六巻』、上海文芸出版社、一九九〇年）、一六七頁。
(26) 瀬戸宏「陸鏡若について」（『演劇学』十八号、一九七七年三月）、六〇頁。
内容は以下のようである。

入学許可　五月一日
原籍　清国江蘇省上海北浙江路新署北首董興坊二三三号士族
現住所　千代田区紀尾町一小谷方――淀橋区角筈七三八
保証人　麻布区仲町一一番地　林鵾翔　本人の親戚　公使館　書記官

(27) 田中栄三『明治大正新劇史資料』（演劇出版社、一九六四年）、九〇頁。
(28) 前掲注（25）。
(29) 欧陽予倩「自我演戯以来」（注25前掲書）、五三頁。
(30) 前掲欧陽予倩「回憶春柳」、一七八頁。
(31) 瀬戸宏前掲書、二二三頁。
(32) 『俳優雑誌』第一期、一九一四年九月。
(33) 前掲欧陽予倩「自我演戯以来」、二一頁。
(34) 馬二「論『新茶花』及『党同妻悪報』」（『遊戯雑誌』第一九号、一九一五年三月）、九頁。
(35) 前掲拙論。

(36) 瀬戸宏前掲書、三〇四頁。
(37) 『戯劇』第一巻第一号(民衆劇劇協社、一九二一年五月)。
(38) 早稲田大学坪内博士記念演劇博物館編『演劇百科大事典』(一九八三年)、一六一頁。
(39) 「自由劇場規約」(『スバル』第五号、一九〇九年五月)。
(40) 前掲注(37)。
(41) 洪深『中国新文学大系　戯曲集　導言』(上海文芸出版社、二〇〇三年)、二四頁。
(42) 陳大悲「戯劇指導社会社会指導戯劇」(『戯劇』第一巻第二号、一九二一年六月)。
(43) 洪深は一九一九年、ハーバード大学に入学し、文学と演劇を学ぶ最初の欧米留学生だった。中国話劇と映画の草創期から、編集・監督・上演を理論と実践の両方に力を入れ、話劇と映画の創始者である。
(44) 洪深前掲書、二七—三三頁。
(45) 最初の出典はなお調査が必要。菅井幸雄編『小山内薫演劇論全集Ⅰ』(未来社、一九六四年)に収録され、文末に「明治四二年一二月一四日。新佃にて」と書いてある。
(46) 表に入れなかったが、同じ徐半梅の論文で、第一巻四号に「三種態度」、第一巻第五号に『随便談』というコラムで「幕有什麼用処」「新劇領袖問題」「舞台上的第三重要人物」が掲載されているが、これらも何らかの日本語文章から訳した感がある。これは今後の課題とする。
(47) 小山内薫「グラインの「独立劇場」」(『歌舞伎』、一九〇九年四月)、二二頁。
(48) 徐半梅「無形劇場」(『戯劇』第一巻第一号、一九二一年五月)。
(49) 徐半梅『話劇創始期回憶録』(中国戯劇出版社、一九五七年)、二三頁。
(50) 大笹吉雄『日本現代演劇史　明治・大正篇』(白水社、一九八五年)、一〇五頁。
(51) 葛一虹主編『中国話劇通史』(文化芸術出版社、一九九七年)、五四頁。
(52) 『中央公論』一九一九年八月号に発表され、一九二〇年二月に帝国劇場で初演された。『戯劇』には中国人の創作劇が六本、翻訳劇が五本、合わせて十一本の戯曲が掲載されている。『三浦製糸工場主』もそうであるが、ほとんどは「写実の社会劇」といえる作品群である。詳しくは、瀬戸宏前掲書を参照されたい。

（53） 徐半梅「工場主」（『戯劇』第一巻第二号、一九二一年六月）。

〔図版出典〕

図1 東京藝術大学蔵
図2 『中国話劇運動五十年史料集1』中国戯劇出版社、一九五八年
図3 朱双雲『新劇史』新劇小説社、一九一四年
図4 河竹登志夫『日本のハムレット』南窓社、一九七二年
図5 徐半梅『話劇創始期回憶録』中国戯劇出版社、一九五七年
図6 早稲田大学演劇博物館蔵

中国における『サロメ』
——死の唯美芸術——

周 小儀

I

二〇世紀初頭より中国の知識人たちは、オスカー・ワイルドをイギリスの芸術運動の中心的な存在と見なしていた。ワイルドは芸術のための芸術、芸術のための人生といった原則を力強く提唱し、五・四世代（二〇世紀初めの中国の啓蒙文化運動と結び付けて考えられている世代）の中心的な作家・批評家の間では人気と影響力のある存在となった。(1) 作家・批評家たちはワイルドを『芸術』の伝道師と捉え、芸術の自律性という理念の唱道者と見なしていた。ワイルドの作品は再三中国語に翻訳され、ワイルドの戯曲は中国の劇場では頻繁に上演されていた。中国の多くの作家たちが、妥協を知らないワイルドの唯美主義に魅せられ、審美主義的な様式で作品を制作していた。以下に見る通り、この美学様式はこの世代の中国の知識人にとっては、特に社会的な意味合いを帯びていた。即ち彼らはワイルドの唯美主義を、伝統的な儒教イデオロギイと戦うための強力な武器として利用したのである。中国におけるワイルドの支持者で最も有名な人びとといえば、田漢《でんかん》（一八九八―一九六八）、洪深《こうしん》（一八九四―一九五五）、郭沫若《かくまつじゃく》（一八九二―一九七八）、白薇《はくび》（一八九四―一九八七）などがいるが、全員、近代中国演劇を作り上げた重要人物ばかりである。田漢の『名優之死』（一九二七年）、郭沫若の『王昭君』（一九二四年）、白薇の『琳麗』（一九二六年）など彼らの作品はどれも、劇の構造のみならず芸術のための人生という唯美主義的な理念の点でも、ワイルドの影響を示していた。[2] ワイルド『ウィンダミア夫人の扇』*Lady Windermere's Fan* の洪深による翻案（一九二四年）も、中国の観客の興味を引いた。この翻案では、登場人物の名前は普通の中国人の名前に変わり、劇の細部もまた中国の風俗習慣に合わせて改変されていた。

知られている中で最も早いワイルド作品の中国語訳は『幸福な王子』で、一九〇九年に東京で出版された『域外小説集』という本に収録された。[3] これは、当時の最も有力な批評家・エッセイストに数えられる周作人《しゅうさくじん》が、ワイルドの物語を格調高い古典的な中国語に翻訳したものである。『幸福な王子』の序文で周は、ワイルドの審美主義の眼目は「人生を芸術に変える」ことだと主張した。周は一八八〇年代初めのワイルドの風変わりな私生活の流儀を強く念頭に置いていたに違いなく、このワイルドの姿を唯美主義者の典型と見なしていた。周はワイルドをこういうふうに描く。――「ワイルドは異様な形をした奇妙な服に身を包んで、手にヒマワリをかざして通りをねり歩くことでそれを自ら実践した」。[4] ゆえに周の眼にはワイルドは、衝動に駆られて日常生活の規矩を乗り越え、芸術の王国の高みに登ろうとする芸術家と映じていた。こうしてワイルドは最初、純粋芸術の伝道者、人生を芸術作品として生きる新しい生き方の実践者として中国に紹介された。中国の知識人の間にこのような模倣熱を喚起したのは、ワイルドが創作した文芸作品に加えて、特にワイルドが自ら作り上げた唯美主義者としての自己像だったのである。しかし同時に想起されなければならないのは、五・四運動期の中国の作家たちの間に当時、西洋の芸術家の魅力的なイメージを作り上げることで、彼ら自身の社会的・政治的な利益に繋げようとする傾向が存在したことである。彼らによるバイロン、シェリー、ホイットマン、ハーディ、イプセン、ユーゴーの翻案や翻訳のうちに同じような例が見出される。[5] 近代中国文化の中で仕立て上げられた西洋の知的な英雄

＝聖人たちのこの群像のうち、ワイルドは最も重要な構成要素に数えられる。

　中国の読者がワイルドのおとぎ話や戯曲に出会ってまもなく、ワイルドへの文学的・批評的な関心の波が発生した。有名な小説家・批評家である茅盾《ぼうじゅん》が「美的流行」と呼んだものが中国の知識界に蔓延し、ワイルドはその偶像的な人物の一人であった。[6] この評価は芝居じみた個性の持ち主、唯美主義の殉教者としてのワイルド理解に根ざしていた。[7] ワイルドの主要作品は全て再三翻訳され、活発な批評的論議に供された。一九四〇年代の末までにワイルドのおとぎ話を翻訳した人が少なくとも一〇人はいる。さらに『ウィンダミア夫人の扇』と『サロメ』の完訳が七点（と粗筋が一点）ある。『理想の夫』*An Ideal Husband*の翻訳が四点、『ドリアン＝グレイの肖像』も二点（と粗筋が一点）ある。加えて翻訳者たちは『つまらぬ女』*A Woman of No Importance*や『獄中記』*De Profundis*や『真面目が肝心』*The Importance of Being Earnest*や『レディング牢獄の唄』*The Ballad of Reading Gaol*のさまざまなヴァージョンを作り出した。[8] これら刊行物の絶対量が中国でこの時期いかに広くワイルドが読まれていたかを示している。この「美的流行」の影響は『ウィンダミア夫人の扇』が一九二四年の四月から七月まで、初めて上海で上演され中国人に熱狂的に受け入れられたことにも表れている。ハーヴァード大学の演劇科を卒業した有能な演出家・脚本家である洪深がこの作品を翻訳し、いろいろと独自の脚色を加えた。この上演の結果、上海では『ウィンダミア夫人の扇』がよく知られるようになった。[9] そのあと一九三〇年には培成女子中学が上海で再びこの戯曲を演じた。[10] 茅盾によれば、外国の劇作家としては中国で最も尊敬されている一人ヘンリック・イプセンの『人形の家』ですら、当時は『ウィンダミア夫人の扇』の人気にかなわなかった。[11]

　最も早くワイルドと唯美主義を紹介した中国人が上海の文人であったことは言っておかなければならない。上海は、唯美主義とデカダンスが最も人気を集め影響力を有した地域なのである。ワイルドの戯曲は天津や成都でも上演されたが、もたらした衝撃は上海に比べれば遥かに小さい。ワイルド作品の中国語訳の九割は、一ダースを超える出版社群により上海で出版された。またワイルドの詩や童話、新聞雑誌に発表された批評随筆の翻訳はほぼ全て上海で刊行されている。ではなぜとりわけワイルドの唯美主義が上海の文人の間でそれほどの優位を占めたのだろうか。その理由の幾分かは、確かに地理的な要因に帰せられなければならない。上海は比較的日本に近く、全般的に国際的な文化的影響に曝される度合いが大きかった。魯迅・周作人・郭沫若・田漢・郁達夫《いくたっぷ》など、上海に住んでワイルドの芸術と理念を説いた主要な文人の多くは日本に留学していた。彼らが初めて中国にワイルドと唯美主義、デカダンスを輸入し、輸入港が自ずと上海になったのである。

それゆえワイルドのもう一つの戯曲が上海で上演され、近代中国演劇に大きな（或いはずっと大きな）影響を及ぼしたということは驚くべきことではない。その作品が『サロメ』である。中国の文人たちにとり、サロメという聖書の人物は、人生は濃密な芸術的な瞬間へと作り変えられなければならないという唯美主義的な原則を体現した。こうして中国の批評家はこの主人公の情熱的で不羈奔放な性質を強調した。「サロメとはある種の頽廃を体現する熱にうかされた悪夢である(12)」。以下に見る通りサロメとワイルド双方のこの反逆的なイメージは、中国近代の発達の本筋で重要な役割を果たした、ある過激な文化的態度に付随したものである。即ちこれらのイメージは、中国文人には伝統的な社会的因習に批判を投げかける責任があることを裏付けた。芸術家としても人間としてもワイルドはこの目的に役立ち、その芸術的な理想となった。

本稿では中国のある文化的なコンテクストにおける『サロメ』の受容を追究する。このコンテクストにおいては、西洋の脱啓蒙とロマン派的女性像とが誤読され、啓蒙と近代性を体現するイメージへと変容する。『サロメ』が中国の文化界に及ぼした顕著な影響を説明するには、この戯曲の中国における翻訳と上演の歴史を概観する必要がある。そして更に中国の作家・批評家が、その象徴主義的な様式で既にイギリスとフランスの読者にいろいろ難しい要求を突き付け（て英国政府により禁止され）た問題作の、性と宗教をめぐる挑戦的な主題をどのように論じていたのかを浮き彫りにする。

一九二〇年代には『サロメ』に対する非常に大きな関心が存在した。一九二〇年にはこの戯曲の最初の翻訳が、ワイルドの作品に特別な関心を示していた『民国日報』の文芸付録『覚悟』に連載された。『サロメ』とは別に、『覚悟』はまた一九二〇年から一九二三年の間にワイルドの詩一四点の翻訳を掲載し、一九二二年には『獄中記』を、また張聞天《ちょうぶんてん》による長編評論『ワイルド案内』を（同じく一九二二年に）掲載した。張は『サロメ』を束の間の肉体的快楽を強調する官能的な戯曲と捉えた。最初に新聞付録に登場して以来、中国の読者は『サロメ』の劇的な結末で提起される官能と性の諸問題に興味を引かれ、この作品にますます夢中になっていった。一九二〇年には近代中国演劇の確立者の一人田漢が、一九一六年から一九二二年まで留学した日本で、『サロメ』の有名な翻訳を完成させた。声望の高い彼の翻訳は一九二一年、五・四運動期の中心的な雑誌に数えられる『少年中国』に掲載された。二年後、上海の中華書局がこの翻訳を刊行した際には、オーブリー・ビアズリーが『サロメ』初版（一八九四年）のために描いた挿絵一六枚を収録した。

ワイルドの戯曲と彼が信奉した美学理論は、田漢の演劇活動に多大な影響を与えた。日本滞在中、田漢は日本の批評家・大学教授で、ワイルドや当今の西欧文芸界についてしばしば書いていた厨川白村を訪ねた。田漢はまたアーサー・シモンズの『文学における象徴主義の運動』の熱烈な愛読者でもあった。(13)『ウィンダミア夫人の扇』や『サロメ』が東京で舞台にかかるとよく見に行った。(14)ワイルドに対する彼の愛着は非常に深く、『獄中記』を妻に英語を教える時の教科書にしたほどである。(15)シャルル・ボードレールの作品を論じたエッセイで彼は当時を回想し、唯美主義は自分の文学観を変えたと述べている。「私の勉強の傾向は劇的に変化し、文学における貴族主義的潮流、エドガー・アラン・ポー、オスカー・ワイルド、ポール・ヴェルレーヌに向った。芸術と創作に対する私の態度は超越主義的なものに変じた」。(16)一九二〇年代初頭から田漢は、ワイルドの著作を中国の読者に紹介する計画を練り上げていた。特に彼は中国で『サロメ』を舞台に乗せたいと考えた[17]。彼はその望みを一九二九年に実現させた。

田漢の訳は明快で飾り気が無いが、原作特有の詩的な香気は保ち続けていた。のちに田漢版『サロメ』は、一九二〇年代から一九八〇年まで繰り返し(時代の語法に合わせて時に言葉の修正はなされたが)再版され翻訳の古典となった。ただし、『サロメ』を中国語に訳した文人は他にもいる。それでも、詳細に検証すると、田漢の訳を超えることのできた者はいないことがわかる。このように以後の諸訳は、以前の訳が許容できないという感覚から為されたようには見えない。田漢の訳は完璧であり、言葉と文体の点で最初の翻訳よりも優れている。例えば文体に関しては徐培仁《じょばいじん》の一九二七年の訳はいくぶん不器用だ。一九三七年には上海の啓明書局が再び沈佩秋《しんはいしゅう》と汪宏声《おうこうせい》によるこの戯曲の訳を出した。これら多様な『サロメ』は特に上海で、その時代のワイルドの人気と読者層の拡大に確実に寄与した。

近代中国演劇の起源と初期の展開に関する近年の研究によれば、一九〇七年に東京で結成された劇団・新劇同志会は、一九一四年に上海の春柳劇場で『サロメ』を上演した[18]。ある日本の学者によれば、『サロメ』は明治時代の末期とそのあと大正時代を通して「日本人の間では紛れもなく人気があった[19]」。『サロメ』の最初の日本語訳は一九〇七年で、森鷗外の手でまず最初に筋の概要が出され次に全訳が出た。一九〇九年頃には他の作家たちが再び翻訳を行い、一九一二年には横浜で、外国の劇団アラン・ウィルキー一座が日本の劇場では最初の上演をした。次の年には日本の劇団、芸術座により上演され、観客に大変な人気を博した。『サロメ』は続いて日本、大抵は東京で大いに上演された。この日本の学者の推定によれば、大正時代には一二〇を超える『サロメ』の刊行物が存在した[20]。だから日本にこのとき『サロメ』熱が起きたことは不思議ではない。「若い女性の間では『サロメ巻』と呼ばれる東洋風の髪型が流行した[21]」。この学者の見解によれば「大正時代の約一二年間の間に一四人の女優が多様な演出家の下で自らのサロメを演じ、服装や髪型における『サロメブーム』を起した」[22]。このように中国と日本の双方でワイルド作品の普及と受容は、都市の消費主義や流行という新しい動きと結び付いていた。芸術と技巧というワイルドの主題はまた、中国都市文化のこの新しい側面を体現すると同時に批評するものでもあった。

春柳劇団は東京時代には『サロメ』を上演していない。春柳劇団が日本で上演した外国の戯曲は『人形の家』とハリエット・ビーチャー・ストウの『アンクル・トムの小屋』の翻案だけである。しかしこの文化風土の中、この劇団はワイルドの「唯美主義」に強い影響を受けた。春柳劇団の主要構成員である陸鏡若《りくきょうじゃく》と欧陽予倩《おうようよせん》が中国に戻ると、彼らは上海で新劇同志会（一九一二～一五年）を結成し、謀得利小劇場を春柳劇場と改称した。即ちここが中国最初の『サロメ』の発祥の地となる[23]。春柳劇団は西洋風の舞台装置・演技技法・劇的構成を中国に導入したが、北京や他の地方の歌劇で育った現地の観客たちには、これらの手法は全く目新しいものだった。西洋の劇は伝統的な中国演劇に対して「話劇」と呼ばれていた[24]。

一九二九年は『サロメ』の年だった。南国劇団が南京と上海でこの作品を上演し、その舞台は大成功で大変な話題になった。施寄寒は一九二九年七月六日の初日の模様を「劇場には三〇〇しか席がないが、この劇を見に来た人は四〇〇人以上はいた[25]」と記した。大観衆ゆえ劇場はほとんど耐え難いほど息苦しくうるさかった。初日のチケットは六〇ペンスだったが、二度目の上演で一ドルに引き上げて観客の怒りを買う[26]。それでも南国劇団によるワイルドの上演は人気があり、批評でも演技が賞賛された[27]（図1）。

一九二九年の『サロメ』の上演と翻訳は、近代中国の作家・批評家の間に、芸術の自律性と芸術のための人生をめぐる議論を巻き起こした。この劇の絢爛豪華で唯美主義的な文体と言葉は全く新しく珍奇だったが、中国の観客を惹きつけたのはそれだけではない。バプテスマのヨハネの死んだ口にキスしたいと願う情熱的で意志の強

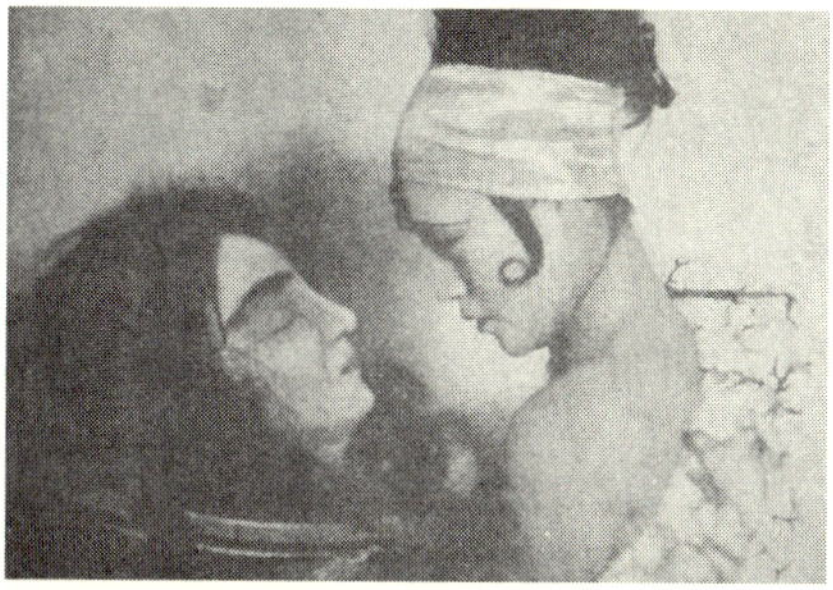

図1　「サロメと洗礼者ヨハネ」(『サロメ』舞台写真、1929年10月、『良友』に掲載)

い女性に焦点を合わせた物語そのものが、数十年にわたり中国の観客の上に抗いがたい影響力を及ぼした。このイメージが中国の観客に強い力を有し続けたのは、その性的表現のためだけではなく、唯美主義的な死に方を演じて見せた主人公が芸術家の象徴と見られたためもある。(28) 中国の芸術家にとり『サロメ』の最も重要な側面は、人生は激しい芸術的行為へと作り変えられなければならないという唯美主義的な原理を表現している点だった。当時の有名な劇評家である袁昌英《えんしょうせい》が指摘したように、「芸術と美の観点から見れば、『サロメ』は演劇における唯美主義の傑作、代表作であり、小説における『ドリアン＝グレイの肖像』、詩におけるボードレールの『悪の華』に等しい」。ワイルドの他の社会喜劇でさえ「彼が示そうとしたもの即ち芸術のための芸術、宗教としての美の原則を体現し得ていない。『サロメ』、パリに蔓延したデカダン文学の雰囲気の下で書かれた『サロメ』だけが、彼の芸術の様式を体現しているのだ(29)」。袁昌英の発言は明らかに、ワイルドの劇に対するより一般化された判断ではあるが、近代中国の知識人が、人生を芸術に変えようとするヨーロッパの精神運動に対するワイルドの寄与をどのように評価していたのかを、典型的に示している。

II

中国語訳でお目見えした後、『サロメ』は非常に多くの模倣作を生んだ。特に、サロメが切断されたヨハネの首にキスをしてヘロデ王の手のものに殺される、劇のクライマックスの場面は、多くの中国の文人にとり驚くべき芸術的啓示だった。これに影響を受けた芸術の顕著な例として郭沫若の『王昭君』（一九二四年）がある。この劇では、漢元帝が切断された毛延寿の首を持ち上げ、繰り返しその頬にキスをして美しい王昭君の残り香を堪能する[30]。また『サロメ』は直接、王統照《おうとうしょう》の『死後之勝利』（一九二二年）のような作品も生んだ。この作品の男性主人公は、『ドリアン＝グレイの肖像』のバジル・ホールウォードの血を色濃く受け継いだ芸術家であり、バジル同様、芸術は人生を超越するという信条の象徴として機能する。女性主人公は愛の化身として美化されている。劇の結末で彼女はあらゆる因習を振り捨て芸術家の血まみれの唇にキスをするが、これは明らかに『サロメ』の結末近くの場面を思い起させる[31]。この場面はまた死に対する勝利をも表象し、美と愛は死すべきこの身の限界をも超えることを示している。

当時この類の作品は多かった。またそれらは皆、愛と美を死に結び付ける発想を共有していたのである。換言すれば、それらが一様に示しているのは、死の破壊力と結び付いているゆえに、愛はこれほど強力な感情となり芸術の主題となるということである。例えば白薇の詩劇『琳麗』（一九二六年）には次のような文句がある。「限りない愛の美と歓びとは恋人の赤い唇の上で消え去らなければならない[32]」。同じように、袁昌英の『孔雀東南飛』（一九二九年）の登場人物は、「私はあなたの骨を焦がす太陽にキスして死にたい」と宣言している[33]。田漢もまた戯曲『古潭的声音』（一九二八年）で、美がいかに詩と結び付くかを描き、今回はそれを自殺という行為を通して表現した。誰かの声の響きを再び聞くために、登場人物の一人は唇を古い溜め池の水面に押し当て、それから溜め池に身を投げて自殺するのである[34]。

これらの作家の中には、『サロメ』に魅せられるあまり、その理念と行動とを自分の芸術作品に取り入れるだけにとどまらず、自分の人生でも実演した者がある。白薇は恋人への手紙で「あなたが私を殺さないなら、私があなたを殺す。私はあなたを殺さなければならないのだ！　私はサロメであり、サロメより毒がある。恋人よ、恋人よ、私はあなたを愛さなければならない[35]」と書いている。こうして、自らの人生を芸術作品にというワイルドの声をこだまさせながら、これら中国の作家たちは、『サロメ』で劇的に描かれた死の在り方を再演するために、自らの人生を利用したのである。この理想に対し知的な源泉を供給したのは勿論ウォルター・ペーターの批評であり、これはそれ自体、イギリスの唯美主義の形成において重要な一傾向を代表する仕事である。ペーターの作品の中でも特に『ルネッサンス』（一八七三年）との錯綜した対話を通してワイルドが自らの作品を著したことはよく知られている。ペーターの有名な言葉に、「自分が通り過ぎる瞬間、あなたに最高のものを与えようとだけ率直に申し出て、そしてただその瞬間のためだけに、芸術はあなたを訪れるのである」とある。「常にこの激しい素晴らしい炎と共に燃え、この陶酔を持続させることが人生における成功である[36]」。

ペーターもまた、一九二〇年代の中国知識人の間に影響力を有した人物で、特に芸術のための芸術を唱導したかの芸術家の一群に尊敬されていた。郭沫若は中国の読者にペーターを初めて紹介した人物の一人である。一九二三年、彼は「ウォルター・ペーターの批評について」というエッセイを出し、ペーターの芸術理念を紹介し絶賛した[37]。これと時を同じくしてペーターの『ルネッサンス』の序文と結論も中国語に翻訳された。一九二二年から一九三一年までの間に『文体について』（一九二九年）を含むペーターの他の作品の多くもまた翻訳され、ペーターの理念を説いて広める本が何冊も存在した。当時中国の知識人は、ペーターの人生観、芸術観を「刹那主義」と呼んだ[38]。当時の中国の芸術家間における『サロメ』の人気もまた、ペーターが説くような、はかない瞬間の中に現れる不滅の美に対する希求を表したものである。『サロメ』のさまざまな模倣作から判断する限り、芸術とは絶えず変動する世界の中で唯一不滅な瞬間のことだというペーターの信条を、これらの芸術家たちは充分に受け入れていた。周作人や朱自清《しゅじせい》のような作家は、現在におけるこの感覚的高揚の追求を論じ称揚した。彼らの散文作品はそれ自体、散文的な事件、事物のうちに人生と芸術の「刹那主義的な」高揚の瞬間を見出そうとする試みであった。

「刹那主義」は何より、歴史を直線的な発展過程とする伝統的な見解とは背馳する時間の捉え方を示していた。現在を高く評価し、過去と未来を否定したのである。換言すれば現在の瞬間こそが芸術的経験を含む経験のよりどころだとされた。「刹那主義」においては現在が静止して眺められ、瞬間の経験が批評の視界を形成する。現在のこの経験は、視覚聴覚などの五感を通して得られる。そこで生身の肉体と経験される事物とは、美的な快楽をもたらす媒体として肯定される。分裂病的な世界経験に関するフレドリック・ジェイムソンの見解はここでますます重要となる。「時間の持続性は破砕され、現在の経験が強く圧倒的に鮮明な「物質的」なものとなる」とジェイムソンは主張している。「分裂病者の眼前に世界は強度を増して現われ、神秘的で陰鬱な感じを起させ、幻覚を誘発するほどの勢いで発光する」というのである。[39] まさにこれで、切られた首にキスするというサロメの粗暴な行動の意味は明瞭となる。即ちあの行為は、分裂病的な世界経験に芸術の形を与えたものなのである。同様に、白薇の恋人への宣言を含む中国の『サロメ』模倣作も、特定の時と場所における経験に対し、明確に芸術的な反応を示したものとして理解できる。分裂病的という点では、これらの作品に描かれた時間の破壊と瞬間の快楽の追求とは共に、消費文化が次第に日常生活へ浸透する時代の反映である。以下に見る通り、一九三〇年代の上海における都市文化の開花の結果として、文学におけるある様式が誕生したのである。[40]

西洋の学者たちは概して、これら純粋な現在とか瞬間の快楽とかの概念を、ポストモダニズムや消費社会の観点から解釈しようとしてきた。ジェイムソンが指摘する通り、「その形態的な諸特徴は多くの点で、特定の社会システムの潜在的な論理を表している」。即ち「消費資本主義の論理」を。[41] 換言すれば、私たちの経験がいかに高尚で純粋でも、いかに美と美的快楽に満ちていようと、それらは結局は、商品化社会と消費文化の産物でもある。

同様に、ギャグニアRegenia Gagnierはその画期的な『市場の牧歌』*Idylls of the Marketplace*（一九八六年）で、ワイルドをヴィクトリア朝の大衆消費社会と関連付け、ボウルビーRachel Bowlbyは論文「ドリアン＝グレイを宣伝する」（"Promoting Dorian Gray"一九八七年）で、消費主義の視点からペーターとワイルドを検証する。ボウルビーは「審美家と消費者は同じく」瞬間的な快楽に関心を抱くと説く。そして『ルネッサンス』の結論の最終パラグラフにおけるペーターの有名な言明と、現代の広告技術とを結び付ける。

芸術の代弁者は自分の商品をさしだすのに、プロのセールスマンのような装われた自然さを以てする。そこには「芸術があなたを訪れる」というような個人的に語りかけるような表現もあるし、「最高のものだけ」と率直に商品の優れた長所を売り込んだりもしている。『ルネッサンス』「結論」の最後の文は確かに広告技術における殺し文句なのである。芸術という商品から必ず得られるとされる、瞬間の個人的快楽を強力に売り込んでいる点で、これは現代の消費文化の始まりを画するものと言える。(42)

ボウルビーの議論はまた、中国の『サロメ』受容にもあてはまる。作品が死の唯美芸術を表現しているだけでなく、製作者と模倣者が瞬間的な快楽を宣伝しているところに、消費社会の論理が仮面をつけて現われているのである。

ゆえに上海におけるワイルド思想の流行の背景には、見えない社会的文化的要因が存在していた。唯美主義とデカダンスは、芸術的感受性の傾向だけでなく、ある社会的な生活様式をも表しているのである。このような生活様式を実行できるのは、上海のような国際的な大都市だけである。一九二〇年代と一九三〇年代の間、上海はアジア最大の商業都市の一つであり、「東洋のパリ」として知られていた[43]。世紀初頭以来、国内商業・国際資本が集中した上海は、高度に発展した商品消費と広告の中心地となっていた。上海における広告の水準は決して、例えばロンドンに劣らない。それどころか広告の芸術性と洗練は、上海では消費と商品イメージが既にそれ自体、芸術の形式となっていたことを示している。上海の広告には、西洋に淵源し中国の他の地域には未だ縁がなかった消費中心の文化と生活様式を表現するものが多い。この点で、二つの広告（一つは自転車、一つはタバコの広告である）は典型的である（図2、3）。どちらにもエロティシズムの要素がある。伝統装束の中国人女性をあしらうことが多いそれ以前の広告と比べると、それらは非常に非伝統的であり西洋的、国際的である。商品化されたイメージと芸術とが結び付き、唯美主義とデカダンスがその発展にふさわしい舞台を見出したのは、この商品化された環境においてであると思われる。そこは唯美主義とデカダンスが芸術家、作家、芸術鑑賞者の間で共感を以て受け入れられる場所だった。そこはペーターの「刹那主義」も、人びとが経験する商業社会の不安定さと共振する場所だった。逆に言うと消費社会の経験はペーターが提出したさまざまな理念により美化され、そして理想の生活様式として認められた。

図2　上海カレンダー広告（1940年代における杭英の創作。宋家麟編『老月分牌』、上海画報出版社、1997年、72頁）

一方では唯美主義とデカダンス、他方では消費主義と世界主義、この両者の結び付きが最も明確に表現されたのは、郭沫若や田漢ほど有名ではない一群の作家・芸術家たちにおいてである。これらの作家たちには、邵洵美《しょうじゅんび》、章克標《しょうこくひょう》、葉霊鳳《ようれいほう》、滕固《とうこ》らが含まれる。彼らの雑誌は一八九四年にロンドンで創刊された雑誌『イエロー・ブック』をモデルとして

図3　元華タバコ会社のタバコ広告(益斌、柳又明、甘振虎編『老上海広告』、上海画報出版社、1995年、66頁)

いた。この雑誌はオーブリー・ビアズリーによる印象的な挿絵で公衆の眼前に登場した。若き芸術家のビアズリーはワイルドの『サロメ』初版に、性的な刺激の強い作品を描いていた。この上海の雑誌は黄色い表紙をあしらい、内容も頽廃的でエロティックな世界の記述を特色としていた。李欧梵《りおうぼん》は葉霊鳳のことを国際的で「ダンディ」な人物だと言ったが(44)、彼の作品は感覚的な経験の記述で満ちている。デカダンの作家・芸術家として葉霊鳳は「中国のビアズリー」の名で知られるようになった(45)。彼の絵は大変ビアズリーに似ているし、小説でも彼はビアズリーの独特な様式を模倣している。例えばある作品では主に「化粧室」を描き、化粧品だの鏡だの香水だのを、ビアズリーの絵と同じ調子できめ細かく描写している。これらデカダンな生活様式の文学的形象は、上海の都市文化と緊密に結び付いていた。李欧梵が指摘する通り、当時の中国の「デカダン」文学は、五・四運動期以後のさまざまな流行と文学の商業化を源泉としている(46)。

特にワイルドは、上海の審美家の作品に再三登場している。上海の唯美主義作家・林徽因《りんきいん》の小説『白薔薇』(一九二九年)では、男性と女性の主人公が『サロメ』とその登場人物についてひたすら議論している。彼はワイルドの劇の映画版も見たようである。「稚茜は『サロメ』の脚本を楽しんで読んだ。舞台で見たかったのだがその機会がなかったのだ。そこで今度は映画だというので喜んで、非常に注意深く見ていた。……彼女が思うにサロメは本当に偉い。サロメは愛のために全てを投げ打ち、一度のキスのために愛する者の命すら犠牲にしたのだ(47)」。ここで『サロメ』は、単に主人公たちの人生の何でもないひとコマなのではなく、「サロメのキス」は主人公たちの思想と感情の重要な要素となり、その世界観の象徴と化している。確かにワイルドとその作品は、中国の都会では若者の間で大変な人気を博していた。この場面からわかるように、『サロメ』は流行の商品であるかのように話題にされ、この商品を通してワイルドとその作品は、上海のそこここで流通する価値の記号と化した。最も驚くべきは、ワイルドのこのうえなく唯美主義的な作品が、百貨店で他の商品と一緒に売られていたことである。その例として、一九三〇年代の別の上海小説で店に並ぶ商品をとらえた次のような描写を見てみよう。

ネオンライトがそれらの上に威張っていた。細密な装飾品、模造のダイヤの指輪、タバコのケース、ライター、化粧箱、ダンスシューズ、ストッキング、チョコレートの詰め合わせ、ベルリンのワイン、ワイルド作品集、スリラー小説、冒険もの、パリ雑誌、ニューファッションマンスリー、加当、避妊薬、高泰克斯、山得尔亨、ベルリン病院のサナ、英国製のエバープロテクト(48)。

ワイルドの名前はこのように明るい陳列窓に並び、美々しく積み上げられた他の商品の間に収まる。この描写は文学と生活用品との区別を象徴的に消去しており、そこでタバコやチョコレートやワインやファッション雑誌の価値を決めるプロセスと基本的には何ら違いはない、商業的なプロセスを通してワイルドの作品はその価値を実現する。換言すれば高級芸術のイメージがあっても、等しく消費の対象となることは免れないのである。

このライフスタイルとそれに対応する芸術家気質は、確かにジョージ・ルカーチ、テオドア・アドルノ、フレドリック・ジェイムソンが説く物体化という社会的現象を反映している。ワイルドによる元の『サロメ』に確かに現われていた物象化のきわめて重要な側面を、中国の『サロメ』摂取は浮き彫りにしている。ワイルド戯曲の中国における受容は、ジェイムソンがジョゼフ・コンラッドの小説に即して分析したような視覚的具体化の域も超えている。私が言いたいのは、ワイルドの劇はより明確に商品文化に巻き込まれているということである。ワイルドの『サロメ』は直接、商品や都市生活を描いているわけではないが、美的な次元で即物化という現象を取り扱っている。この劇の最も注目すべき特徴は、自己充足した自律的な統一体としては個人はもはや存在していないことである。そのかわり身体は解体されて各部分が孤立した物体と化し、官能的欲望やひいては美的な欲求の対象となる。こうして個人は完全に物体化され客体化される。精神は消滅してしまい、モノと化した肉体とその器官は感覚的経験に左右されるしかない。

サロメの「身体」がいかにヨカナーンの「精神」を打ち負かすのかを見る時、物象化の概念は重要である。この劇のあちこちに現われる人間の身体と器官のおびただしい描写にもそれは見て取ることができる。現に、中国の作家たちをあれほど刺激した劇のクライマックスは、王妃が切断された首にキスする場面を前面に出している。この行為は、身体と諸感覚がバラバラにされて機械の部品のように物体化する様子を示すと共に、肉体的な官能性が精神を消滅させる仕組みの完璧な縮図となっている。一九二九年の『サロメ』上演ではこの場面と切断された頭部が特に注意を惹いた(田漢は自分で頭をこしらえた)。『サロメ』に触発された中国の作品群は、いかに感覚が精神に勝利するかを示すこの表現をまねるだけではなく、身体が各部分に解体されたことをも評価し賞賛している。例えば向培良《こうばいりょう》の『暗嫩』(一九二六年)では、女性主人公の指と唇がそれぞれ「ぶどうの蔓の芽」、「熟れたザクロ」としてとても繊細な正確さで描写されている。[49] これらの描写は明らかに『サロメ』の影響の跡を残しており、当時の他の中国演劇の多くにもそれは認められる。外形的にはこの派手なスタイルは純粋に美的な仕掛けのように見えるが、コンラッドの印象主義を論じてジェイムソンが述べているように、「形式のイデオロギイ」でもある。サロメも「消費される究極の商品であり[……]これらの現実の全てをスタイルに変える装置であり、ものを現実から切り離しある純粋に美的な次元で消費できるようにする私たちがモダニズムの印象主義的な戦略と呼ぶものの所産」となる(50)。

この問題の核心は唯美主義と消費文化との関係自体にはない（それは近年延々と論じられてきた事柄に過ぎない）。それよりも核心は、中国における唯美主義の唱道者たちがその唯美主義的な作品とイメージに現われている物象化、脱啓蒙的な物体化の問題に対する自覚を何ら表現し得ていないという事実に存する。中国では唯美主義は、少なくとも郭沫若や田漢のような作家の作品においては、伝統的な儒教文化に対抗し五・四文化運動の結果として成立した「啓蒙」に与する運動に等しくなった。こうした作家たちにとっては、唯美主義の背後に潜む商品化された諸関係や感覚的な即物化は、伝統と近代の関係と比べれば何ほどのこともなかった。この力点の移動は、サロメの表象を置き換える際に加えた微妙な変更に端的に示されている。中国に現われたサロメの化身は、生命を賭して伝統に抵抗しようとする「新しい」現代的な女性となる。サロメは芸術のための人生という理想と、自分の持つものすべてを反逆行為のために投げ打つ勇気とを体現したのである。この過程で都市の文化的現実は後景に退いてしまう。また確かに、サロメのイメージにおける美と商業の関係は単純なものではなかった。サロメと社会的現実との関係は、ルイ・アルチュセールの言葉を借りれば、「同一性の関係ではなく差異の関係である」(51)。アルチュセールは芸術と社会との消極的な関係を分析するための理論的な枠組み、芸術の中に不在や否定という形で社会が存在することを明らかにする枠組みを提供している。こうして私たちは審美家たちに何が見えていなかったのかはっきり知ることができる。中国の唯美主義者たちにしてみれば、サロメのセクシュアリティの翻案は、伝統的な儒教イデオロギイに対抗する啓蒙の企図と密接に結び付いたが、私たちの眼には、官能性を一連の身体部品に変えることへの傾倒があるように見える。サロメの死の芸術は、中国の審美家が近代世界を、冷たい現実が美的な理想により置き換えられる場所として経験した経緯を示している。

しかしこの目くらまし、即ち物質世界の置き換えはいかにして可能となったのだろうか。近代中国文学のよく知られた例はこの問いに答える手掛りになる。一九二一年、郭沫若は詩集『女神』を刊行したが、これは中国の文芸界に異常な衝撃を与え、これにより彼は五四啓蒙世代の最重要の詩人となった。『女神』の代表的な作品は、灰から立ち上がり再生を果した不死鳥の神話を引用する「不死鳥の寂滅」である。不死鳥は当時の中国社会の象徴となる。彼の言葉では、「この詩は中国の再生を、そして私自身の再生をも象徴している」ということである。[52]郭沫若と田漢はともに創造社に属しており、精神的に近い存在といえた。郭と田にとり不死鳥の象徴は、死と現在に対する彼らの見解を反映しまた形成するようになる。死、特にサロメの死の唯美芸術におけるような死は、何よりも再生を含意していた。彼らは再生と未来の概念を、ペーターの「刹那主義」に見られる時間の概念の中に統合した。こうして現在の瞬間という元の概念は、作り変えられ拡張された。中国でのこの概念再製造において、時間は現在の地点で止まらず、未来の新生への道を示す。

加えて進歩的啓蒙思想における、歴史の進歩、社会の発達、理想の未来に対する信頼は、「再生」という包括的な概念に統合され、それにより現実世界で実現可能なものとなる。フェニックス的な再生のイメージを通した中国人のサロメ再想像は、ワイルド戯曲受容の最も重要な成果だった。それで死の唯美芸術は、中国の唯美主義的な作家たちの伝統に対する反逆の中に取り込まれ、現在に対する彼らの批判を支え、進歩主義的な『啓蒙』の追求を後押しした。サロメを評価した際に田漢は、「この脚本では社会に対する反逆の態度が最も明確に表れている」と論評している。彼は『サロメ』の一節を説明して「ワイルドの表現方法を用いるなら、芸術とは新しい時代の到来を告げ、敵を怖気づかせ退却させるラッパの赤い爆音である」と述べている。[53]別の所でも彼は「自由と解放を愛する大衆よ!君たちはまたこのひたむきで不敵な精神でこの愛を追求できるようになる!」と述べた。[54]

図4 「兪珊女史が演じるサロメヒロイン」（『サロメ』舞台写真、1929年10月、『良友』に掲載）

最後に私は、一九二九年の『サロメ』上演に用いられた決定稿に戻り、中国の審美家たちがいかにしてそれを彼らの啓蒙運動に誤用したのかを示したい。回想によれば、有名な画家である呉作人は南国劇団により上演された劇の舞台装置をデザインした。これは近代中国演劇でリアリスティックな背景が使用された最初だった。サロメの七つのベールの踊りで用いられた音楽は、のち作曲家として名声を得た洗星海と、呉作人により演奏された。洗はピアノ、呉作人はバイオリンでベートーベンの曲を演奏した(55)。『サロメ』の成功はこの舞台の新星、兪珊《ゆさん》の演技と切り離せない（図4）。田漢の兄弟、王易庵《おうえきあん》は「『サロメ』の演技で名声を得た兪珊女史は、見た目も美しく熱を込めて演じたので、世間の喝采を得た」と回想している(56)。このあと兪珊はカルメンも演じた。明らかに彼女は反抗的な役柄を演じるのに非常に向いていた。これらの点から、田漢の演出意図をはっきりと見て取ることができる。リアリズムの背景、ベートーベンの音楽、情熱的な演技が全て融合して、ワイルドの戯曲の反抗的な力を前面に出した。この演出がサロメから退廃的なエロティシズムを削ぎ落とした。そのかわり彼女は主に、革命的な熱情をもって未来を抱きしめた反逆者、伝統の破壊者の役割を身に帯びたのである。

（1）　一九一一年の革命は清王朝を倒し、近代中国史と見なされるものの始まりを画した。しかし清帝国が崩壊しても、国が強くなり繁栄するということはなかった。旧来の秩序が瓦解したことで、社会の新たな理想と規範が確立されたのでもない。こうした暗い現実と政治的革命の挫折ゆえ、人びとは精神的・文化的な啓蒙のうちに解決策を見出すに至る。

近代中国史における啓蒙運動の眼目は、西洋文化を導入して伝統的な中国文化を再考し批判する点に存した。一九一五年から一九二五年までの新文化運動の最初の一〇年間に、西洋の作家が大量に中国に紹介された。翻訳を通して西洋の知的・芸術的な流行がどんどん中国に押し寄せた。唯美主義が中国で流行を見たこともそれゆえ不思議ではない。この点に関しては、Xiaoyi Zhou, "Oscar Wilde: An Image of Artistic Self-Fashioning in Modern China: 1909-1949," in Hua Meng and Sukehiro Hirakawa, eds., *Images of Westerners in Chinese and Japanese Literature*（Amsterdam: Rodopi, 2000）, p. 112. 五四運動の詳細に関しては、Marián Gálik, ed., *Interliterary and Intraliterary Aspect of the May Fourth Movement 1919 in China*（Bratislava: Veda, Publishing House of the Slovak Academy of Sciences, 1990）, Vera Schwartz, *The Chinese Enlightenment: Intellectuals and the Legacy of the May Fourth Movement of 1919*（Berkeley: University of California Press, 1986）, Merle Goldman, ed., *Modern Chinese Literature in the May Fourth Era*（Cambridge: Harvard University Press, 1977）, and Chow Tse-tsung, *The May Fourth Movement: Intellectual Revolution in Modern China*（Cambridge: Harvard University Press, 1960）.

（2）近代中国の作家にワイルドが及ぼした影響の詳細は、Xiaoyi Zhou, "Oscar Wilde: An Image of Artistic Self-Fashioning in Modern China: 1909-1949," op. cit., pp. 95-113.

（3）『幸福な王子』は一九四二年に巴金により再び翻訳され、のち一九四八年に上海文化出版から出たワイルドの童話と詩の作品集、『快楽王子記』に収録された。これ以外のワイルド作品の中国における翻訳に関しては古くは、Bonnie S. McDougall, *The Introduction of Western Literary Theories into Modern China 1919-1925*（Tokyo: Centre for East Asian Cultural Studies, 1971）, pp. 64-66. がある。一九四九年以前に出たワイルド作品の全中国語訳に関するより詳細で新しい記述としては、解志熙『美的偏執：中国現代唯美主義——頽廃文学思潮研究』（上海：上海文芸出版社、一九九七年）、一七〜二二頁。

（4）周作人「作者史略」（同編訳『域外小説集』、上海：上海群益書社、一九二一年）、一頁。

（5）李欧梵『現代性的追求』デヴィッド・D・W・ワン編（台北：麦田出版、一九九六年）、二七五頁。李欧梵は「バイロンの翻訳者たちが魅せられたのは現実のバイロン自身よりバイロン伝説であり、蘇曼殊に始まる中国のバイロン崇拝の遺産は、この英国の詩人をまさにバイロン的な英雄のきらめくイメージで塗り込めてしまった」と論じている。この点に関しては、ワイルド、シェリー、ホイットマン、ハーディ、イプセン、ユーゴーに関しても同じことが言える。この点に関しては、Leo Ou-fan Lee, *The Romantic Generation of Modern Chinese Writers* (Cambridge: Harvard University Press, 1973), p. 74.

（6）茅盾『茅盾全集』全三八巻（北京：人民文学出版社、一九八四〜九七年）のうち一八巻、四一〇頁。

（7）ワイルドは人生を芸術作品にすること、美の宗教を広めることを唱えた。現実の世界が高められると、理想主義の力で人生は聖なるものとなり得る。周作人・郁達夫・邵洵美ら多くの中国の批評家がこうした熱望を抱懐し、実践し広めようとした。中国の芸術文化の特別な豊かさゆえにこの理想は洗練されて顕著なものとなり、服装、食物、家具や生活様式の他の面に現われた。ワイルドの作品との出会いが、芸術文化のこの流れを作り出したことは疑いない。この点に関しては、Xiaoyi Zhou, "Oscar Wilde: An Image of Artistic Self-Fashioning in Modern China: 1909-1949," op. cit., p. 112.

（8）翻訳者の名前と刊行の時期に関する詳細な事実は、ibd., p. 98.

（9）上海における『ウィンダミア夫人の扇』の成功に鼓舞され、中国各地の他の都市でもこの作品を舞台にかけようとした。南開劇団は一九二五年の五月二日と三日、一九二七年一二月二二日、一九二九年五月一〇日に天津でこれを上演した。崔国良他編『南開話劇運動史料1923-1949』（天津：南開大学出版、一九九三年）、一七七、一九六、二五一頁。四川劇協も一九二六年に成都でこれを上演した。孫暁芳『抗日戦争時期的四川話劇運動』（成都：四川大学出版、一九八九年）、三頁。『ウィンダミア夫人の扇』は一九三五年の六月二七日から七月三日まで、それから一〇月の九日から二一日まで、中華旅行劇団により再び天津で上演された。中国社会科学研究院戯劇研究所編『中国話劇史料集』（北京：北京文芸出版社、一九八七年）一巻、一八三〜八五頁。洪深の作品はこれら追従者の模範とされた。

（10）王列耀「王爾徳与中国現代文学」（『黒竜江教育学院学報』三号、一九八八年）、二九頁。

（11）『ウィンダミア夫人の扇』に対する茅盾の論評は、『茅盾全集』一八巻、三八八頁。近代中国におけるイプセンの影響に関しては、王錦厚『五四新文学と外国文学』改訂版（成都：四川大学出版、一九九六年）、二〇七～二一三頁。

(12) 沈沢民「王爾徳評論」（『小説月報』一二巻五号、一九二一年）、一一頁。

(13) 董健『田漢伝』（北京：北京十月文芸出版社）、一〇五頁。

(14) 同右、一七七頁。

(15) 朱寿桐「田漢早期劇作中的唯美主義傾向」（『文学評論』四号、一九八五年）、九三頁。

(16) 田漢「悪魔詩人波特莱爾的百年祭」（『少年中国』三巻四・五号、一九二一年一〇、一一月）。

(17) 田漢は一九二〇年三月、郭沫若とこの計画を議論した。董健『田漢伝』、一六一～六三頁。

(18) 袁国興『中国話劇的孕育与生成』（台北：文津出版、一九九三）、二一九頁。但しこの上演に関する詳細な記述はこの本にはない。

(19) Kimie Imura Lawlor, "Salomé in Japan: A Drama of Desire," in Earl Miner, Toru Haga et al. eds., *Dramas of Desire; Visions of Beauty, Proceedings of the XIIIth Congress of the International Comparative Literature Association*, 6 vols. (Tokyo: International Comparative Literature Association, 1995), p.40. 日本におけるワイルドに関しては、Jeff Nunokawa, "Oscar Wilde in Japan: Aestheticism, Orientalism, and the Derealization of the Homosexual," in Gary Y. Okihiro and et al. eds., *Privileging Positions: The Sites of Asian American Studies* (Washington: Washington State University Press, 1995), pp.281-290. 並びに二〇〇二年七月に実践女子大学図書館にて行われたシンポジウム「サロメと日本——大正から昭和まで」。

(20) Kimie Imura Lawlor, "Salomé in Japan: A Drama of Desire," p. 40.

(21) Ibd., p. 41.

(22) Ibd., p. 45, n. 19.

(23) 袁国興『中国話劇的孕育与生成』、二一九、二四八頁。袁は『サロメ』がこの劇団により上演されたと記しているが、上演日は特定していない。

(24) 伝統的な中国演劇は歌劇が支配的であり、北京や他の地方の歌劇では歌唱が舞台で最も重要な部分となる。この状況は二〇世紀初頭に西洋演劇が中国に導入されて変化した。
(25) 施寄寒「南国演劇参観記」(『戯劇与芸術』一巻四号、一九二九年)、九三頁。
(26) 『中国話劇史料集』一巻、一二二頁。田漢が書いた変更告知には、「天気はとても暑く、劇場は小さくて混雑し過ぎていたので、劇場の雰囲気が出ないだけでなく、観客の健康にも悪い。そこで残念ながら、私たちの最初の上演旅行と同じ水準(一ドル)まで値段を引き上げなければならない」とある。『田漢全集』一六巻(北京:中国戯劇出版社、一九八三~九六年)のうち一四巻、三四四頁。
(27) 後に見る通り、田漢の兄弟・王易庵を含む何人かの批評家が、サロメを力強く情熱的に演じた兪珊の演技に好感を抱いた。
(28) 沈沢民がその優れたワイルド概説で指摘する通り、「サロメはワイルド自身の象徴でありサロメの情熱はワイルドの情熱である。サロメを書くときワイルドは実際に自分自身を書いているのだ」(沈沢民「王爾徳評論」、一一頁)。
(29) 袁昌英「関於『莎楽美』」(『袁昌英作品選』、長沙:湖南人民出版社、一九八五年)、二七三頁。
(30) 郭沫若『郭沫若劇作全集』全三巻(北京:中国戯劇出版社、一九八二年)のうち一巻、一四八頁。
(31) 王統照「死後之勝利」(『小説月報』一三巻七号、一九二二年)、三三頁。
(32) 白薇『琳麗』(上海:商務印書館、一九二六年)、九六頁。
(33) 袁昌英『孔雀東南飛及其他独幕劇』(台北:台湾商務印書館、一九八三年)、五五頁。
(34) 田漢『田漢全集』二巻、四一~四三頁。
(35) 白薇和楊騒『昨夜』(石家荘:河北教育出版社、一九九四年)、二〇頁。
(36) Walter Pater, *The Renaissance: Studies in Art and Poetry* (London: Macmillan, 1913), p. 239, 236.
(37) 解志熙『美的偏執』、一五~一七頁。
(38) 「刹那主義」は近代中国の作家により、ペーターの理論の代名詞とされ、唯美主義的な存在様式を示す言葉になったが、元来は仏教的な含意が強い。近代中国文学における『刹那主義』を仏教的な観点から見た研究に、譚桂林「俞平伯：人世無常与刹那主義」（『中国現代文学研究叢刊』二号、一九九六年）、一三七～四二頁がある。

（39）Fredric Jameson, "Postmodernism and Consumer Society," in Hal Foster, ed., *The Anti-Aesthetic: Essays on Postmodern Culture* (Washington, WA: Bay Press, 1983), p. 120.

（40）Leo Ou-fan Lee, *Shanghai Modern: The Flowering of a New Urban Culture in China, 1930-1945* (Cambridge, MA: Harvard University Press, 1999), pp. 3-120. も参照のこと。

（41）Jameson, *The Political Unconscious: Narrative as a Socially Symbolic Act* (Ithaca, NY: Cornell University Press, 1981), p. 125.

（42）Rachel Bowlby, *Shopping with Freud* (London: Routledge, 1993), pp. 23-24.

（43）李欧梵『現代性的追求』、一六一頁。上海は「アジアのパリ」としても知られていた。これに関しては、Leo Ou-fan Lee, *Shanghai Modern: The Flowering of a New Urban Culture in China, 1930-1945* (Cambridge, MA: Harvard University Press, 1999), p. 3. 一九三〇年代には東京、香港、シンガポールは、繁栄の度合いで上海に及ばなかったと李は見る。

（44）Ibd., pp. 257-65.

（45）葉霊鳳「比亜茲萊的画」（『読書随筆』全三巻、北京：三聯書店、一九八八年、のうち二巻）、二九六頁。

（46）李欧梵『現代性的追求』、二一七頁。

（47）劉欽偉編『中国現代唯美主義文学作品選』（広州：花城出版社、一九九六年）、三六七頁。

（48）禾金「造型動力学」（『小説』九号、一九三四年一〇月）。【訳者注】加当、高泰克斯、山得尔亭は英文音訳。

（49）向培良『暗嫩』、『中国現代唯美主義文学作品選』、七五四～五五頁。

（50）Fredric Jameson, *The Political Unconscious: Narrative as a Socially Symbolic Act* (London: Routledge, 1981), pp. 214-15.

(51) Louis Althusser, "A Letter on Art in Reply to André Daspre" (1966), in Raman Selden, ed., *The Theory of Criticism from Plato to the Present: A Reader* (London: Longman, 1988), p.459.

(52) 郭沫若『女神』桑逢康編（長沙：湖南人民出版社、一九八三年）、二〇六頁。

(53) 田漢『田漢全集』一四巻、三四一頁。ワイルドの原文は、"The red blasts of trumpets, that herald the approach of kings, and make afraid the enemy, are not so red" (Wilde, *Salomé*, in *Works*, ed. Robert Ross, 14 vols. [London: Methuen, 1908], II, 30).

(54) 田漢『田漢全集』、三四三頁。

(55) 呉作人「憶南国社的田漢和徐悲鴻」（『田漢：回憶田漢専輯』、北京：文史資料出版社、一九八五年）、七六・七八頁。

(56) 王易庵「記田漢」（『中国当代文学研究資料叢書：田漢専輯』、南京：江蘇人民出版社、一九八四年）、二四五頁。

あとがき

本書は大手前大学比較文化研究叢書の第六巻で、大手前大学交流文化研究所の二〇〇九年度研究成果の報告書という性格をあわせ持っている。当年度の研究課題は「一九二〇年代東アジア文化交流の研究」で、交流文化研究所は二〇〇九年十一月二十二日、この課題をテーマとしてシンポジウムを開催した。本書に収める論文は、すべてこのシンポジウムのために執筆され、口頭発表された論考に基づいている。

本研究叢書の創刊から第五巻に至るまでの経緯については、第五巻の末尾に大手前大学名誉教授・松村昌家氏が記された「あとがき」に詳しいが、同巻以降は、刊行主体が大手前大学から大手前大学交流文化研究所に移行した。このうち第一巻『谷崎潤一郎と世紀末』と第五巻『阪神文化論』は、おおむね一九二〇年代の日本の文化状況を背景としている。本書はその一九二〇年代の日本文化を、ことに中国・韓国との関連において探究することをねらいとする。右記のシンポジウムで中国、韓国、カナダ、そして日本のすぐれた専門家諸賢から充実した発表を賜ったこと、そして活発な意見交換ができたことは、まことに大きな成果であった。研究所では今後も引き続き、より広角的・国際的な視野に立って、一九二〇年代の文化交流の精査を試みる予定である。

シンポジウム参加者の皆さま、準備に奔走された職員諸氏、また出版作業をすばやく的確に進めてくださった思文閣出版の編集者各位に、あつくお礼を申し上げたい。

大手前大学学長・交流文化研究所所長　川本　皓嗣

M. Cody Poulton（M.　コーディ・ポールトン）
1955年生。トロント大学博士課程修了。カナダ・ヴィクトリア大学アジア太平洋学科学科長・教授。専攻は、近現代日本の戯曲・演劇。著書に、*Spirits of Another Sort: The Plays of Izumi Kyôka*, Michigan Monographs in Japanese Studies 29. Ann Arbor, MI: Center for Japanese Studies, The University of Michigan, 2001、*Dreams and Shadows: Tanizaki and Japanese Poetics in Prague――Essays in Honour of Anthony V. Liman* [Part of a series of monographs: *Acta Universitatis Carolinae: Orientalia Pragensia XV*], Prague: Karolinum [Charles University Press], 2007（共編）、*A Beggar's Art: Scripting Modernity in Japanese Drama*（409 ms. pp.), University of Hawaii Press, 2010.など。

陳　凌虹（ちん・りょうこう）
1979年生。総合研究大学院大学文化学研究科博士課程。早稲田大学演劇博物館GCOE研究員。共著に、『文明戯研究の現在』（東方書店、2009年）、論文に、「『椿姫』、『茶花女』『新茶花』―日中における演劇『椿姫』の上演とその意味」（『早稲田大学演劇博物館グローバルCOE紀要　演劇映像学2009』、2010年３月）など。

周　小儀（しゅう・しょうぎ）
1958年生。英国ランカスター大学学術博士（英文学）。北京大学英文科教授。著書に、『オスカー・ワイルドと消費社会』（北京大学出版社、1996年）、『唯美主義と消費文化』（北京大学出版社、2002年）、論文に、"Beardsley, the Chinese Decadents and Commodity Culture in Shanghai During the 1930's", *Journal of the Orient Society of Australia,* vols. 32-33, 2000-2001.など。

川本　皓嗣（かわもと　こうじ）
1939年生。東京大学大学院博士課程中退。学術博士（比較文学比較文化専攻）。大手前大学学長、日本学士院会員、東京大学名誉教授。著書に、『日本詩歌の伝統　七と五の詩学』（岩波書店、1991年）、『アメリカ名詩選』（共著、岩波文庫、1993年）、『文学の方法』（共編、東京大学出版会、1996年）、『翻訳の方法』（共編、東京大学出版会、1997年）、『岩波セミナーブックス75　アメリカの詩を読む』（岩波書店、1998年）、最近の論文に、「日本詩歌中的伝統与近代」（蔣春紅訳、『東亜詩学与文化互読　川本皓嗣古稀記念論文集』、北京・中華書局、2009年）、「切字の詩学」（『俳句教養講座二　俳句の詩学・美学』、角川学芸出版、2009年）など。大手前大学比較文化研究叢書３・５の編者。

執筆者一覧（執筆順）

上垣外　憲一（かみがいと・けんいち）
1948年生。東京大学人文科学大学院比較文学比較文化課程修了。大手前大学総合文化学部教授。著書に、『空海と霊海めぐり伝説』（角川書店、2004年）、『雨森芳洲』（講談社、2005年）、『富士山』（中央公論新社、2009年）など。

趙　怡（ちょう・い）
1962年生。東京大学大学院博士課程単位取得満期退学。東京工業大学非常勤講師。論文に、「「悪魔詩人」と「源泊詩人」―田漢の象徴詩人像と日本文壇の影響」（東大比較文学会『比較文学研究』73号、1999年２月）、「夫が描いた中国人女性、妻が愛した中国人男性―金子光晴と森三千代」（東大比較文学会『比較文学研究』91号、2008年６月）、「森三千代の「髑髏杯」から金子光晴の『どくろ杯』へ―森三千代の上海関連小説について」（『駿河台大学論叢』36号、2008年７月）など。

松村　昌家（まつむら・まさいえ）
1929年生。大阪市立大学大学院修士課程修了。大手前大学名誉教授。著書に、『ディケンズの小説とその時代』（研究社出版、1989年）、『水晶宮物語―ロンドン万国博覧会1851』（リブロポート、1986年／ちくま学術文庫、2000年）、『幕末維新使節団のイギリス往還記』（柏書房、2009年）など。大手前大学比較文化研究叢書１～５の編者。

金　春美（きん・ちゅんみ）
1943年生。高麗大学大学院修了。文学博士（比較文学）。高麗大学名誉教授。著書に、『金東仁研究』（高麗大学民族文化研究所出版部、1985年）、『谷崎潤一郎』（建国大学出版部、1996年）、論文に、「翻訳と文学」（『翻訳と日本文学』、図書出版文、2008年）など。

古田島　洋介（こたじま・ようすけ）
1957年生。東京大学大学院博士課程単位取得満期退学。明星大学日本文化学部教授。著書に、『鷗外歴史文学集』第12・13巻「漢詩」上・下（注釈、岩波書店、2000・2001年）、『大正天皇御製詩の基礎的研究』（明徳出版社、2005年）、『これならわかる返り点―入門から応用まで』（新典社、2009年）など。

大手前大学比較文化研究叢書 6

一九二〇年代《ねんだい》東《ひがし》アジアの文化《ぶんか》交流《こうりゅう》

2010年3月31日発行

定価：本体2,800円（税別）

編　者　川本皓嗣・上垣外憲一
発行者　田　中　周　二

発行所　株式会社　思文閣出版
京都市左京区田中関田町2-7
電話　075—751—1781（代表）

印　刷　亜細亜印刷株式会社
製本所　株式会社渋谷文泉閣

ISBN978-4-7842-1508-9